旅からうまれた　わたしのミトン

塩田素直

文化出版局

はじめに

子どものころからおしゃれをすることが好きでした。おしゃれがしたく
て編みものや洋裁をするようになり、ミトンを編んだきっかけも、欲し
いなと思える手袋に出会えなかったから。編込み模様は、編んでいくと
少しずつ柄ができていくのが楽しく、世界にひとつのミトンが作りたく
て、図案を描いてみるようになりました。

ミトンの図案は、日々の暮らしの中で五感を通して心が動かされたもの
から、絵を描くようにデザインしています。わたしが今生活しているの
は山に囲まれた静かな場所。余分な情報がなくて、いつもそばにある自
然の飾らない美しさや魅力をきちんと味わえます。庭仕事や畑仕事をし
て土に触れていると、季節の変化や毎年変わる生命の営みを実感するこ
とができます。

2016年の暮れに、日本の里山にある住まいを出て、2020年1月までの約
3年間をベルギーの首都ブリュッセルで過ごしました。そしてヨーロッ
パ20か国をめぐることができました。日本とは違う文化や価値観の中で
過ごした日々は、とても新鮮で刺激的。いつでも学びと感動があって、
日本では描けなかったデザインのミトンがたくさん生まれました。

この本では、そんなヨーロッパでの日々で描いたミトンやニット作品
を、旅のエッセイや旅先で撮ってきた写真とともに紹介しています。旅
からこのミトンがどのように生まれたかをページを見比べながら読んで
もらえたら、その旅を想像しながら楽しくミトンを編んでもらえたらう
れしいです。かわいいもの、素敵なものは世の中にたくさんあるけれ
ど、それが生まれた背景やストーリーを知れると、さらに愛着がわくも
のになると思います。

てづくりの楽しさは、手を動かしている時間に加えて、自分がいいと思
う、世界にひとつのものがつくれること。「わたしだから編めるミトン
や他にはないような手芸本が作りたい」、この本はわたしのそんな想い
が詰まったものです。みなさんも自分の「好き」を編んで、寒い日のお
でかけをしあわせな気持ちで満たしてください。

塩田素直

Contents

ハルシュタット（オーストリア）

わたしが訪れた国々

2016年より約3年間、ベルギーで生活し、ヨーロッパ20か国を旅しました。
そのうち10か国でうまれた作品を紹介します。

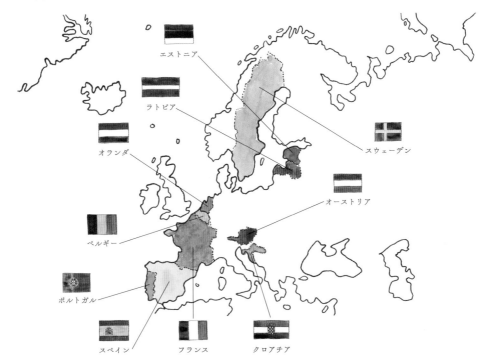

ブリュッセルで惹かれたのは美しい街並み
煙突、煉瓦、ひしめきあって建つ家々は
温かな雰囲気のみんながそれぞれ帰る場所

ブリュッセルの街並みは絵になるなぁ、と暮らし
ながらつくづく感じていました。

煉瓦や石で造られた家々がオレンジ色の世界を作
り出していて、いろんな形の窓がたくさんありま
す。屋根裏部屋らしきところや、家からのびる煙
突、小さなベランダ、それぞれの形がばらばらな
のに、素敵なんです。建物と建物が接して建って
いるのも、とてもかわいい特徴。ベルギーに暮ら
し始めてまずミトンに描きたいと思ったのが、こ
のブリュッセルの街でした。

正面からは見えませんが、建物の奥にそれぞれの
庭があるんです。わたしはアパート暮らしだった
ので、友人宅にお邪魔した際に初めて奥に庭が広
がっていることを知り、とってもうらやましくな
りました。リンゴの木があって、お隣から猫が遊
びに来て、秘密の庭みたいでいいなぁと。ベルギ
ーのひとたちは外で食事をするのが大好きなの
で、庭にはテーブルと椅子が必ずあって気候のい
いときは庭で食事をしています。

そして日本に比べて夏が短いので、その分、秋が
長く感じます。ゆっくりと冬になっていくので
す。家の近くのAvenue de Tervueren（テレビューレ
ン通り）にはマロニエ並木があって、落葉すると
オレンジ色の絨毯ができ、マロニエがごろごろ落
ちています。マロニエは栗に似ていますが、栗よ
り一回り大きく、まあるいかわいい形です。ここ
では幸運なときは野生のリスにも出会えますよ。
ミトンの建物図案の下には、マロニエや落葉をイ
メージした図案が入っています。

もともと歩くことが大好きですが、ブリュッセ
ルは散歩しているだけでも楽しくて、知らない
通りや森の中をあえて選んで歩いていました。
Chatelain（シャトラン）地区は特にわたしのお気
に入りで、散策したあと、Magalie（マガリィ）と
いう名前の女性がひとりで営む小さなカフェでラ
ンチをしながら編みものをするのが定番でした。
彼女には編みものを仕事にしている友人がいるそ
うで、わたしが編みものをしている様子をいつも
温かく見守ってくれていたし、日々替わる1品し
かないメニューは、野菜やフルーツを使った創作
家庭料理でほっとするおいしさでした。
そんな街並みを描いたミトン。これをお供に、み
なさんにもお気に入りの街を散歩してほしいです。

（写真）上／ブリュッセルの家々　中左／テレビューレン通りのマロニエ並木
中右／落ちたマロニエの実と葉
下／マガリィのカフェと彼女のつくるごはん

02

❖

Brugge lace

page 51

わたしが暮らしていたブリュッセルから西へ1時間半ほどドライブすると、ベルギーの古都ブルージュへ着きます。世界遺産も多く運河が流れる美しく古い街並みから、ブルージュは「屋根のない美術館」と呼ばれていて、ベルギーを訪れる際はぜひ足を運んでほしい街。わたしも運河ボートに乗ったり、夏に開かれる大きな蚤の市を歩き回ったりして、ブルージュには楽しい思い出がいっぱいです。

ブルージュという名前は「橋」という意味なんだそう。ボートに乗っていると大小さまざまな古い石橋をくぐります。運河とそこにかかるたくさんの橋、水面ぎりぎりに建てられている古い建物は、それだけでロマンチックで、その景色をミトンのてのひら部分にデザインしました。

また、このブルージュで有名なのがブルージュレース。伝統的なベルギーの手仕事のひとつで、中でもボビンレースはこのブルージュが発祥とされ、大切にされている技法のレースです。
パターンが描いてある台紙に小さなピンをたくさん刺し、絹や綿の糸を巻いたボビンと呼ばれるたくさんの糸巻きで糸を織って作っていきます。ブルージュにあるレースショップROCOCO（ロココ）では、その技法が展示してあったり、昔の衣服の衿や袖口を飾っていたレースを見ることができました。昔のヨーロッパを舞台にした映画で観るような、美しいドレスを想像してうっとりとした気持ちになりました。

ブルージュレースは、花を感じさせるモチーフや丸みのある形がとても愛らしく魅力的です。このイメージから、ミトンの上と下が丸く縁どられ、規則的にいろんな花模様が並んでいるように図案を描きました。まるで大きなレースが手の甲にあるように。
レースを作ることも編みものをすることも、細かい作業を地道に繰り返す繊細で時間のかかる作業です。編みもの好きなわたしがレースに惹かれるのも、その作り上げる時間を想像するからかもしれません。

（写真）上／ブルージュの運河横に並ぶ家々　中左／街の中心に建つ鐘楼
中右／製作途中のボビンレース　下／レースショップ ロココの店内

ベルギーはショコラの国
小さな粒がきれいに並ぶ
ショーケースのような
甘くておいしいショコラのミトン

ピエール・マルコリーニやゴディバ、ヴィタメールなど世界的に有名なベルギーショコラのお店が集まるブリュッセルのSablon（サブロン）広場は、とっても華やか。住んでみるとあちこちにショコラティエがあり、ブーランジェリーやパティスリーにもショコラのコーナーがあったりとベルギーのひとにとって、ショコラはとても身近で日々食べる大好物なのだということがわかります。クロワッサンの中にショコラが入っているpain au chocolat（パン・オ・ショコラ）が朝ごはんの定番で、chococlat chaud（ショコラ・シュー）というホットチョコレートはどこのカフェでも飲めます。わたしが住んでいたStockel（ストッケル）という街でも、駅周辺に大小６つのショコラティエがありました。

ショコラティエのドアを開けるとまず広がるのが芳醇なカカオの香り。甘い香りではなく、どちらかというとコーヒーショップのような香ばしく奥深い香りです。そしてショーウィンドウにはいろんな味のショコラが並んでいて、一粒一粒選んで買うことができます。プレーンなショコラでもカカオ豆の産地や作る工程によって酸味や苦み、甘味などの味が異なるので、店員さんと話しながら好きなショコラを選びます。いろんなナッツやハーブ、スパイスが入っているものや抹茶やゆずなど日本からインスパイアされたものもあってうれしくなります。わたしが好きでよく訪れたのが、当時Sainte-Catherine（サンカトリーヌ）広場にあった、Frederic Blondeel（フレデリック・ブロンディール）というショコラティエです。いつも30種類くらいのショコラがきれいに並べられていて、行くたびに今日はどれにしようかと、迷う時間が楽しかった。アイスクリームも売っているのですが、プラリネ味が本当においしくて、目の前の広場のベンチで食べるのが定番でした。

ベルギーに住んで、ショコラの奥深さとショーウィンドウを見て選ぶ楽しさを知りました。おいしくてしあわせな時間をくれるショコラ、そのハッピーなパワーを手の甲にデザインしています。ミトンの指先部分がショーケースの奥側のイメージなので、編込み模様を小さく描いて奥行きを表わしてみました。ぜひベルギーを訪れた際は有名店はもちろんですが、街の片隅にあるような小さな個人店の扉を開けてみてください。

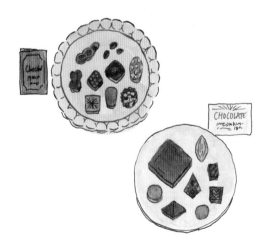

（写真）上／サンカトリーヌ教会と広場
　　　　左中／フレデリック・ブロンディールのショーケース
　　　　右中／フレデリック・ブロンディールの外観
　　　　右下／ケース内の美しいショコラ
（イラスト）形のかわいいショコラ

2018年の夏は１週間かけてクロアチアの３つの街を回りました。

まず訪れたのはアドリア海に面した白い城壁とオレンジ色の旧市街が美しい街Dubrovnik（ドゥブロブニク）です。アドリア海の真珠と称される街で、世界遺産にも登録されています。旧市街を石造りの城壁がぐるりと囲んでいて、旧市街に入るためには３、４か所ある門から入らないといけません。

内側の旧市街は細い小道や階段がたくさんあり、レストランやジェラート店、お土産物店が並び、楽しい迷路のようでした。また、城壁の上は１周できるようになっていて、わたしもアドリア海や旧市街を眺めながら歩いてみました。海風が抜けて気持ちいい一方で、久しぶりの蒸し暑さを感じて、日本の夏を思い出しました。アドリア海で海水浴も楽しみ、次に向かったのはエメラルドグリーンの湖と深い樹々、白い霧が幻想的な世界遺産のPlitvice（プリトヴィチェ）湖群国立公園です。いくつも続く美しい湖、湖にそそぐ滝や水路を眺めながら公園内を散策することができ、おとぎ話の国を冒険しているようでした。

２つの街を満喫した後に、ベルギーへ戻るため立ち寄ったのが首都Zagreb（ザグレブ）でした。街をぶらぶら散歩していたときに、高台の広場にあったのがCrkva sv.Marka（聖マルコ教会）です。大きくはないのですがカラフルな装飾を施した屋根が独特でとても目立っていました。ザグレブのシンボル的な建物なのだそうです。教会の周りをぐるりと歩いたときに、裏にひっそりとある木の扉が目につきました。古くて大きなその扉は、整列した花模様が彫られていてとても美しいのに、日の当たらないところにあって、めったに開けられることがないような佇まいでした。その静かな雰囲気にも惹かれて、帰りの飛行機でミトンの図案を描きました。４つの花びらを持つ花が四角形の中に配されている模様や、扉の中心に縦にのびる、丸が連なっている様子を、手の甲部分に表現できて、クラシックな雰囲気をもつかわいいミトンになりました。いつかこのミトンを着けて、真冬のザグレブを訪れたいです。

（写真）上／ドゥブロブニクの街とアドリア海
　　　　中上左／城壁から見下ろしたドゥブロブニク旧市街
　　　　中上右、中下右／ドゥブロブニク旧市街の細い路地と日陰で涼む猫
　　　　中下左／プリトヴィチェの美しい湖
　　　　下左、右／聖マルコ教会と木の扉

ミトンをはじめ、ラトビアの伝統的な手仕事がたくさん集まるラトビアの森の民芸市"GADATIRGUS"（ガタティルグス）にどうしても行ってみたくて、2019年6月にラトビアへ行きました。この民芸市は年に1回、6月の最初の週末に、首都Liga（リガ）郊外のBrivdabas muzejs（野外民族博物館）で開かれているものです。ラトビアの6月は新緑や花々が美しいさわやかな季節。長い冬を越えてやって来たうれしい春です。

民芸市の会場は、そんな新緑たっぷりの森の中。起伏があったり、迷路のように入り組んでいたり、自然の道にそってたくさんのお店が並んでいました。手編みのミトンや靴下、みんなが着ている赤を基調としたスカート、木のカトラリーやヤナギで編まれたかご、どこを見ても心が躍るようなものばかりです。さらに、お店番をしながら編みものをしていたり、足をリズミカルに動かしながら糸を紡いでいるおばあちゃんたちもたくさんいて、そのテクニックについ見入ってしまいます。

小さな舞台もあって、民俗衣装を身にまとった少女たちのダンスも見ることができました。彼女たちは三つ編みやまとめ髪の上に花冠をかぶっていて、その姿がなんとも愛らしいんです。ラトビアの人々は、昔から自然神を崇め、森や花々を愛し、寄り添って暮らしてきた民族なのだそう。花冠は着飾るものでもありますが、祭事に欠かせない大切な装身具のようです。ミトンには大小2種類の花冠を手の甲に規則的に配置し、てのひらは葉やつぼみ、種をイメージして描きました。植物づくしのデザイン、Flower crowns of Latviaは、民芸市で並んでいたラトビアの伝統的ミトンとは全く違う雰囲気ですが、わたしの目に映った、ラトビアの情景や文化を表現しています。

（写真）上左／首都リガの街並み　上右／リガの街中にある花壇
　　　　下／森の民芸市
（イラスト）花冠と民俗衣装を身につけた少女

（写真）上左／手仕事の装飾品を売るおばあちゃんたち
　　　　上中／パウンド型の焼菓子店
　　　　上右／てづくりのミトンが飾られた店先　下左／民俗衣装の帯
　　　　下中／きゅうりの塩漬け　下右／豚の煮込みや野菜のスープ
（イラスト）糸を紡ぐおばあちゃん

さらに森の小道を抜けて、少し広々した場所にでると、飲食店が集まっていました。豚肉の煮込み（お顔も煮込まれていた！）やザワークラウトなどもおいしかったのですが、とりわけきゅうりの塩漬けのおいしさに感動しました。ディルやミントなどのハーブで漬けてありますが、ピクルスのような酸味はなく、どこか日本の屋台を思い出す味なんです。ベルギーのきゅうりはとっても太くて大きかったので、日本のような細くて長いきゅうりもこのとき久しぶりに見ました。素朴すぎるものですが、ラトビアのおすすめ料理です。

そして会場を回る中で、たくさん売られていたのが織物の帯です。これはベルトにしたり装身具になるそう。赤と白のものが多く、さまざまな模様がとてもかわいかった。実際に織り機に座り、たくさんの細い糸を操って作業をしているおじいさんがいたのですが、編込みミトンと一緒でとても時間のかかるものなんだろう、でもどこかで色を間違えても毛糸をほどくように簡単にはやり直せないのだろうな、とつい自分の編みもの製作と比較しながら見学してしまいました。ミトンにその模様を並べたいと思い、織り模様が続く様子を手の甲に3本並べてLatvian decorationのミトンができました。

ラトビアの伝統、食文化、手仕事、その魅力が凝縮している森の民芸市は、手芸好きのかたにはとってもおすすめの旅先です。みんなが着ている民俗衣装のスカートがかわいくて、わたしも試着したのですがいちばん小さなものでもぶかぶか！（笑）でも諦めきれなくてお直ししてもらう予定で購入してきましたよ。

（写真）上／帯を売るおばあちゃんたちとヤナギのかご
　　　　中左／色鮮やかな伝統布の店
　　　　中右／おじいちゃんが織る伝統模様の装飾品
　　　　下左／糸紡ぎの実演をする女性
　　　　下右／伝統的なスカートが並ぶ店

細い糸で織られた長くて美しい装飾ベルト
赤と白が緑の森に映えていた
伝統的な模様をミトンにも並べて

06

❖

Latvian decoration

page 55

編込みミトンの手首には
きらりと輝くゴールドの糸。
冬の装いを華やかに飾る、
すてきなチャームポイントです。

07

Decorations in Porto

page 56

ポルトガル第2の都市、ポルトに行きたかった理由は2つありました。

1つめは、『魔女の宅急便』の舞台の街のモデルのひとつといわれるポルトの街並みを実際に見てみたかったから。ポルトの中心はドゥエロ川の北側に位置するのですが、街の全貌を見たくて、川の南側、急な坂の上にあるセラ・ド・ピエール修道院へ向かいました。そこからポルトの街を見下ろすと、川の向こうに屋根がオレンジで壁が白や黄色の家々がぎっしり建つ小高い丘が広がっています。まるで島のようで、箒で飛びながらコリコの街を見つけたキキの気分でした。街なかを歩くと細い路地や坂道、階段がたくさんあり、道を挟んだ家と家にひもを渡して洗濯物が大胆に干してあります。少し混沌としているようにも感じる街全体の雰囲気は人間味があふれていて、南欧らしくおおらかだなと思いました。観光地として整っている場所より、そこで暮らす人々の生活が垣間見れる旅のほうがおもしろいですよね。

2つめの理由は世界一美しい書店といわれる「Livraria Lello（レロ書店）」に行きたかったからです。行列に並び、店内に入った瞬間、思わず歓声を上げてしまったほど、内装全体に木彫りの装飾が施され、それらが照明でゴールドに輝く迫力ある美しさに圧倒されました。お店の真ん中にある螺旋階段は造りも装飾も存在感たっぷりで格好よく、2階へ上がると吹き抜けになっているところから下を見下ろせます。天井には大きなステンドグラス。壁面の棚は高い天井まで続き、上部はガラスの扉があって古い本が飾られていました。書店なのに本よりお店の内装に興奮してしまって、店内をぐるぐる歩き回りました。

レロ書店の内装の素敵さやわたしが感じた感動を残したいと思い、店内をめぐりながら頭の中でミトンの図案を考えていました。天井にあった大きな丸いモチーフを手の甲の真ん中に配して、その下には本棚の上に横に続いていた花模様を、上には螺旋階段の横に彫ってあった模様をイメージしました。そしてそれらの図案の合間に本を描きました。この書店は今年（2021年）で115年め（1906年にこの場所へ移転）。心から人々が称賛し、惹かれるものは年月を重ねても普遍的に美しく、求められるものだなとつくづく思いました。わたしが普段愛用しているミトンはこのポルトのミトンなんですよ。

（写真）上／対岸から見下ろすポルトの街
中左／洗濯物を見上げて歩く　左下／ポルト駅のアズレージョ
中右／バロック様式のクレゴリス教会
（イラスト）レロ書店と本

08

❖

Hallstatt

page 57, 58

海より断然山派なわたし。静かな深い森を味わい
たくて、ドイツのMünchen（ミュンヘン）から車
を走らせてオーストリアのハルシュタットへ向
かいました。ハルシュタットは標高2000mほどの
山々に囲まれ、周囲には氷河がつくった76もの湖
があるとても小さな町です。山と湖が近いため、
斜面にも木造のかわいらしい家が立ち並び、湖の
ほとりに建つ教会がここの景観をさらに美しくみ
せてくれています。キッチンのある小さな部屋を
借りて、自炊をしながら3日間を過ごしました。

もやが山にかかり、朝日が湖に差し込みだす早朝
に、ひとりで湖畔へ行ってみました。湖のほとり
にはベンチがあり、そこへ座ると湖と山しか視界
に入りません。山から太陽の光が少しずつこぼれ
ていくという変化だけが、ただただ美しかった。
そして静かに波打つ湖に癒されながら、自然と深
呼吸を何回もしました。8月でも涼しく、透明
感があるような凛とした空気がとても気持ちよ
かったです。晴れ間をねらって、ロープウェイ
でKrippenstein（クリッペンシュタイン）山の上へ
も行くことができ、そこからさらにハイキングを
して標高2100mにある展望台へ向かいました。こ
んな高所でも健気に咲いている野草で小さなブー
ケを作りながら歩きます。かわいいのができまし
た！　わたしはどこへ行くにも編みもの道具を持
って行くので、見渡す限りの山々と眼下に広がる
湖を眺めながら、レストランで白ワインをおとも
にミトンを編みました。それも至福の時でした。

ショッピングや豪華な食事などはなくても、とっ
ても贅沢で充実した時間を過ごせる、自然から力
を分けてもらえる旅でした。そんなハルシュタッ
トの旅で感じた穏やかさ、豊かさをミトンに詰め
込んで描きました。手首の模様は湖の水面を、手
の甲は森と花々、てのひらは湖畔に並ぶ家の開き
窓と窓辺に飾られた花たちを表現しています。自
然と人々の織り成す町の美しさ、そこにある静寂
が伝わればうれしいなと思います。
花のモチーフを入れずにメンズミトンのデザイン
も描き起こしました。ここで見て感じたものはす
べて雄大で包容力があって、男性のミトンにもぴ
ったりです。わたしが訪れたのは夏でしたが、滞
在した部屋には紅葉がまぶしい秋や、雪深く薄暗
い中に教会の温かな灯りが美しい冬の写真が飾ら
れていました。季節によって景色の趣きが変わる
のも山間部の町の美しいところですね。

（写真）上／ハルシュタットの町と湖
　　　　中／かわいい色壁の家々　下左／広場を囲む家々
　　　　下右／クリッペンシュタイン山の上で作った野草ブーケ

運河にはたくさんの橋とボート
さまざまな花が並ぶ市場
美術館に飾られた絵画の数々
自由と美の国のエッセンスをミトンに詰め込んで

09

❖

Netherlands

page 60

オランダは大好きになった国。アムステルダム、ロッテルダム、デン・ハーグ、ユトレヒト、ゴーダ、キンデルダイク、マーストリヒト、たくさんの街を訪れましたが、どの街にも運河や川があるのがとても印象的です。アムステルダムは、ビルも多く近代的な街並みなのですが、ボートや水鳥たちの浮かぶ運河があることで景観が柔らかく、時間の流れもゆったりとして見えます。そこがとても好きでした。ミトンのてのひらには、そんな運河と運河にかかる丸い橋を表現しています。

アートもオランダの旅では欠かせません。アムステルダム国立美術館やゴッホ美術館、デン・ハーグにあるマウリッツハイス美術館を訪れ、有名な絵画の数々を見てきました。印象的でよく覚えているのは、ゴッホの「ひまわり」がゴッホの油絵のタッチに忠実に複製されていて、それに直接触れることができたことです。ゴッホの筆遣い、手の動きがわかる気がして、感動しました。ミトンの手の甲には、絵画をイメージしたモチーフを縦方向に描いています。

オランダは花の国でもあります。わたしは花が大好き。団子より花をもらうほうがうれしいくらい。街のmarkt（決まった曜日に広場などにお店が並ぶマーケットのことで、ベルギーではmarchéマルシェと呼んでいます）には、必ずフラワーショップが何店か来ていて、みんな日々パンを買うように花も買います。オランダで有名なチューリップは比較的年中売っているのですが、他にもいろんな花があり、とにかく安い！　右の写真のチューリップ、6、7本が束になっているのですが、それが1束1.5ユーロで、3束買うと4ユーロと表記してあります。チューリップ約20本の花束を買っても500円ほどなんです。ヒヤシンスは5、6本の束で2ユーロ（2束買うと3.5ユーロ）でした。ヒヤシンスもよく売られていた花のひとつで、わたしの大好きな花です。チューリップやヒヤシンスをミトンの手の甲の中心に、小花模様も動きをつけて描きました。

このミトンはオランダの代表的なチャームポイントを詰め込んでいます。差別も少なく移民にも寛容で、一人ひとりが持つアイデンティティや愛情、探求心、情熱を認めて見守ってくれるのびやかな国です。ぜひみなさんそれぞれが好きな糸色で編んでみてほしいです。

（写真）上／アムステルダム市内の運河
中左／デン・ハーグにあるマウリッツハイス美術館
中右／ゴーダの街　下左／ゴーダの聖ヤン教会の横道
下右／マーケットで売られているチューリップ

ベルギーの街を歩くと出会う石畳
模様も色もさまざまで街並みをずっと素敵にしている
好みのパターンを探すのも街歩きの楽しみ

10

❖

Pattern

page 61

日本からブリュッセルに引っ越したのは2016年の年末でした。真冬のベルギーは朝9時を過ぎないと明るくならないのに16時には暗くなってしまうし、気温も低く、くもりか雨ばかり。住む家も決まらず、フランス語をうまく話せないわたしは、新生活を楽しめずにいました。それでもたまに天気のよい日に街を歩くと日本にはない素敵な街並みがあります。石造りやレンガ造りの古い建物や教会、細い路地、おしゃれなフォントの看板、おいしそうなブーランジェリー。そんな街の景色がわたしはベルギーで暮らすんだな、と実感させてくれました。

暮らすアパートが決まり、車を運転できるようになると、好奇心旺盛なわたしはひとりでいろんな街へ行くようになりました。ベルギーはとても小さい国で、一番遠い街でも1時間半ほどで行けますし、高速道路も無料。Antwerpen（アントワープ）はファッションの街だけにおしゃれなお店もいっぱい。Julija（ユリヤ）という好きな毛糸屋さんもあるし、友人も住んでいてまた行きたい街。オランダ語圏なのでカフェのメニューにいつも四苦八苦します。Gent（ゲント）にあるGravensteen（フランドル伯居城）に上って見渡す街並みはとても美しいし、渓谷の中にある小さな街、Durbuy（デュルビュイ）の古くてつたがいっぱい絡んだ家々や中世的な雰囲気も大好きです。
その中でもよく訪れたのがLeuven（ルーヴァン）。Hexagoon（ヘキサホン）という大好きな手芸屋さんがあります。布のほか、ビーズやアクセサリーパーツ、ボタンやタッセルなど手芸小物がたくさんで、毎回宝探しの気分です。好みのかわいさのものを見つけると、使うあてのないものでもついつい買ってしまいます。ルーヴァンはブリュッセルからも近いので旅行で訪れるのもおすすめの街です。

いろんな街を歩き、いろんな石畳を見てきました。アスファルトの舗装より歩きにくいけれど、景色がずっと素敵です。ベルギーから日本へ戻ったら何が恋しくなるだろう。チーズかな、ショコラかな、フランス語かな、と帰国前は考えていましたが、いまとなってみれば、あの街並みの中で過ごした日常生活でした。あの道を運転して、あのトラムに乗って、お気に入りのカフェに行って、毛糸屋さんに通って。また訪れる日を心待ちにしています。

（写真）上／ゲントの街並み　中左／煉瓦の家と石畳の坂道
　　　　中右／デュルビュイのアンティークショップ
　　　　下左／デュルビュイのビストロ
（イラスト）ヘキサホンに売られていた手芸小物

11

The antique plate of Estonia

page 44

フィンランドのHelsinki（ヘルシンキ）からフェ
リーで1時間半で来られるということもあって、
エストニアの首都Tallinn（タリン）は、とてもに
ぎやかな明るい街でした。
古い城壁に沿って観光客向けのお土産店がたく
さんあり、ミトンや靴下、かわいい小物たちが売ら
れています。高台から見下ろす街並みは、緑豊か
な中にレンガ色の三角すいの屋根がぽこぽこ飛び
出し、おとぎ話の世界のような、こびとが住んで
いる世界のようなかわいらしさがありました。
街の中にはソビエト統治時代の名残でしょうか、
独特の屋根をもった教会もあります（1991年まで
バルト三国はソビエト連邦でした）。

お土産店を見るより、わたしが興味があるのは、
昔ながらのエストニアの暮らしだったり、手仕事
だったり。ふと立ち寄ったエストニア工芸美術館
は、わたしにとってはわくわくしか感じられない
楽しい場所でした。近年の手仕事とともに、古い
織物や木の工芸品、昔の日用品などが並んでいま
す。昔の住まいで使われていたであろうカーペッ
トの織り模様や色遣いはとても個性的で、宗教的
な意味合いが込められているのかもしれません。
エストニアのたどってきた歴史的影響からか、ほ
かの北欧の国々（フィンランドやスウェーデン）
に比べて、とても素朴で温かいものが多いように
思いました。

その中でも特に心に残っているのが鳥や植物が輪
に描かれたプレートです。日本では見られないよ
うな鳥と植物たち。エストニアの人々にとっては
身近な存在なのかなと想像を膨らませます。小さ
な半円模様がいっぱい並ぶプレートの縁をミトン
の手の甲の上と下に描き、風に吹かれているよう
な植物模様と、丸い花模様を大きく2つ。鳥は羽
や背中の模様を取り入れました。器にあったモチー
フのイメージをちりばめたミトンができました。
ミトンを描くためだけに旅をしているわけではな
いのですが、旅をしていると、ミトンにしたいと
思うものに出会うのが不思議です。いつもそれは
直感的でドキッとさせられます。このエストニア
のプレートもそんな運命的な出会いでした。

（写真）上／首都タリンの街並み
（イラスト）中／工芸美術館に展示されていた古いカーペット
　　　　　　下／ミトンのモチーフになった器

29

北欧の昔からの手仕事は
レースも刺繍も織物もどこか優しく温かい
キャンドルを灯して過ごす長い冬に
春を待ちわびて咲く花たち

スウェーデンの首都Stockholm（ストックホルム）
は、街の中を川が複雑に入り組んで流れていて、
地図で見るとたくさん島があるように見える大
きな街でした。大聖堂や宮殿がある旧市街Gamla
Stan（ガムラスタン）、有名な野外博物館Skansen
（スカンセン）、ストックホルム駅、滞在先のホ
テル、すべてが近くに見えても橋を渡らないとそ
こへは行けなくて、対岸にぐるっと回る形で向か
うのです。スウェーデンを訪れたのは日本の桜が
咲く季節でしたが、まだ空気は凛ととがった冷た
さで、寒い寒いと言いながら、スカンセンの昔の
建物や北欧の野生動物たち（オオカミやヘラジ
カ）を見て回りました。室内はキャンドルがたく
さん灯って優しい暖かさがあり、屋外の広い森や
野原には冬を越えてやっと咲きだしたクロッカス
が冷たい風に揺られていました。

北欧の伝統に触れることができるのがNordiska
Museet（北方民族博物館）で、わたしがいちばん
楽しみにしていた場所です。厳かな雰囲気の古い
洋館の中に、昔の民俗衣装や刺繍の施されたニッ
トの防寒小物、太めの糸で織られたレース、サー
ミ族の装身具などが飾られていました。赤やオレ
ンジなどの暖色のものが多く、ほっこり穏やかな
雰囲気ながら、モチーフをにぎやかにちりばめた
り、トナカイの角や皮が使われていたりと、力強
いエネルギーを感じました。暗くて寒く長い冬に
立ち向かう暮らしが、そういったものを生みだし
てきたのでしょう。かわいらしいのにたくましさ
さえ感じます。ミトンの手首部分はサーミ族の編
み飾りの装飾模様を、その上はレースをデザイン
しました。

そして現代のスウェーデンの暮らしには"fika"
（フィーカ）が欠かせません。fikaというスウェ
ーデン語は、大切な人とコーヒーを飲むことやそ
の時間のことで、スウェーデンのひとたちは、こ
のひとときをとても大切にしているそうです。な
んてうらやましい！　わたしもシナモンロールと
コーヒーでfikaを味わってきましたが、暖かい部
屋でくつろぐこの時間は北国だからこそ生まれた
文化なのだろうなと思いました。暮らしの中から
自然と生まれた手仕事や文化は、無理がなく普遍
的な魅力がありますね。わたしもそんな風にもの
づくりができたらいいなと思います。

（写真）上／北方民族博物館の外観　下／シナモンロールとコーヒー
（イラスト）左／スカンセンに展示されていたキャンドルホルダー
　　　　　右／北方民族博物館に展示されていた装身具

Brugge lace page 51

Pattern page 61

朝起きてその日の服を選ぶよう
に、日々ミトンを選んでみません
か？　アウターに映える色、マフ
ラーやタイツに近い色、その日の
気分で選ぶのも楽しいはず。
編込みミトンは、ワントーンにな
りがちな冬のコーディネートをぐ
っとおしゃれにしてくれます。
寒い日のおでかけがしあわせな時
間になるとうれしいです。

13　もこもこミトン

シンプルな装いに甘さを加えてく
れる、もこもこのフォルム。
色で遊ぶとますます存在感たっぷ
りです。
アームウォーマータイプは秋から
アクセサリーのように楽しめます。

13 - B page 63

13 - C page 64

Brugge lace   The antique plate of Estonia   Hallstat

14 page 66

14 編込みミトンキッズサイズ

小さい手を温める3つのデザイン
はそれぞれ3サイズ展開。
大人には着こなしにくい色も、子
どもたちにはよく似合います。
冬空に映える、キュートな色のミ
トンをそろえました。

15　page 72

15　もこもこキッズミトン (p.38)

愛らしさたっぷりの小さいもこも
こミトンはシックな色で。
紛失を防ぐための首ひももかわい
いポイントです。
親子でおそろいを楽しむのも素敵
ですね。

16　プチミトン (p.39)

5 cmほどしかない、小さなプチミ
トン。ガーランドにしたり、ツリ
ーやリースに飾ったり、冬のイン
テリアとして楽しんでみてくださ
い。ちょっとしたプレゼントにも
おすすめです。

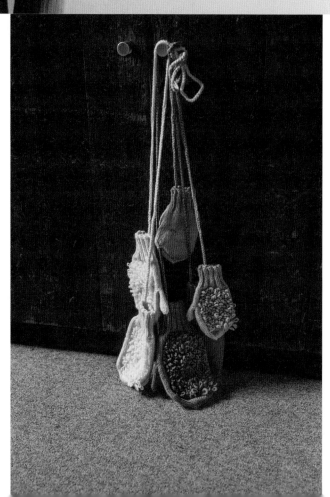

16 page 65

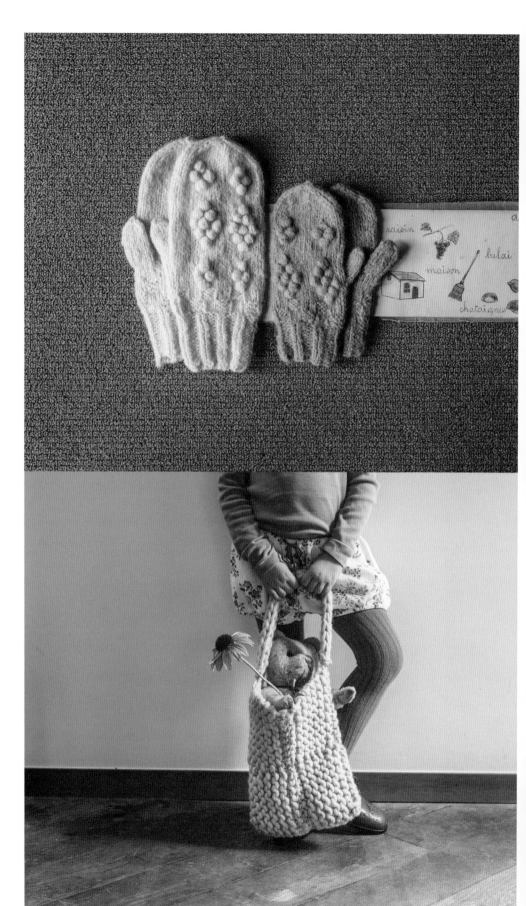

17
❖
Chablis
page 74

18
❖
Spain
page 76

フランスの田舎が大好きになり、各地をドライブしていろんな町や村を訪れました。車を何時間走らせていても広大に広がる麦畑や葡萄畑、羊や牛などの群れに癒されます。

中でも大好きになって3度も足を運んだのがChablis（シャブリ）。駅もなく、観光名所もない小さな村ですが、白ワインづくりがさかんな美食の村で、葡萄畑に囲まれています。石造りの村の中には小さな川が流れ、静かで穏やかな時間が過ごせました。ここでの優しい時間を象徴するような作品を編んでみたいな、と思っていた時に、出会ったのがla droguerie（ラ・ドログリー）のBrume de couleur（ブリュームドクラー）という糸です。ふわふわ軽くしっとりした肌触りとどこか丸みのあるきれいな色たちがとても魅力的です。

この糸は、美しい色の霧に包まれ、ふわふわと漂って旅をするイメージで作られ、13色あるカラーはそれぞれ旅の中で出会う自然の情景をイメージした名前がつけられているそうです。ちなみに、このミトンのイエローは"Soleil du matin"（朝の太陽）、グリーンは"Sous les feuillages"（木陰）という名前。糸の背景を聞くと、さらに素敵でうれしくなりました。編んだ仕上がりは本当に繊細で優しく、このミトンでおでかけすると心も軽くなりそうです。

（写真）上／村を流れる川
　　　　下左／シャブリは白ワイン造りがさかん
　　　　下右／村の入り口にある看板

スペインでわたしたちが訪れた古都Toledo（トレド）、バルの立ち並ぶ美食の街San Sebastián（サン・セバスティアン）は荘厳な印象のかっこいい街でした。古さを感じさせないグレーの街の中に細い路地がいっぱいあって、歩いているだけでも映画の中のようです。トレドの伝統菓子マサパンや、サン・セバスティアンのお店に並ぶピンチョスやバスクチーズケーキなどスペインの思い出は食とは切り離せません。

そんなスペイン生まれのwe are knitters（ウィーアーニッターズ）の糸は、わたしにとってはかっこよく大胆な華やかさを持っているものばかり。色や素材のバリエーションも豊富で、個性的な作品が編めそうです。

特に極太の"THE WOOL"は力強さと柔らかさを兼ね備えていて、メリヤス編みやガーター編みといった基本的な編み目でも、表情のある温かさが出ます。ざっくり思いつくまま編んでいったら気持ちがいいだろうな、と思う糸でした。編みぐせやずれをあまり気にせずピースを繋げて、編みもの時間を楽しんでください。動きの出る柔らかさがニットバッグの魅力です。ワンマイルバッグや子ども用バッグとして使うと、冬景色に映えてとってもかわいいですよ。

（写真）上／サン・セバスティアンのバルのカウンターに並ぶピンチョス
　　　　下左／トレドのマサパンショップ
　　　　下右／サン・セバスティアンの路地

糸と用具

ミトンやその他の作品を編むための糸と道具です。
p.44 からの各作品ごとに必要なものを確認して用意してください。

a

b

c

d e

編込みミトン

【糸】
ミトンを1セット編むには、a を各色1玉と b は2玉（2本どりのため）が必要です。

a パーセント（ハマナカ リッチモア）
　素材…ウール100%
　仕立て…40g 玉巻き（約120m）
b サスペンス（ハマナカ リッチモア）
　素材…レーヨン66%、ポリエステル34%
　仕立て…25g 玉巻き（約105m）

【用具】
棒針で編みます。号数の違う棒針（手首は2号針、手の部分は3号針）を使い、かぎ針は親指や首ひもを編むときに、とじ針は糸端の仕上げに使います。

c 2号棒針…長さ20cm、太さ2.7mm
　3号棒針…長さ20cm、太さ3.0mm
d 3/0号かぎ針…太さ2.3mm
　5/0号かぎ針…太さ3.0mm
e とじ針 中細用 No.12…太さ1.81mm

＊c はハマナカ／アミアミ短・5本針を使用。
　d は5/0号かぎ針はキッズサイズミトン用。
　e はクロバーのとじ針セット Petit を使用。

もこもこミトン

【糸】
a の糸2玉でミトンを1セット編むことができます。

【用具】
c の3号棒針、d、e

f

g

i

h

j

Chablis ミトン page 40

【糸】

f Brume de couleur（ラ・ドログリー）
　素材…ベビーアルパカ 82％、
　　　　ナイロン 18％
　糸長…80m/10g

【用具】

8号棒針…長さ 20cm／太さ 4.5mm
j 7/0号かぎ針…太さ 4.0mm
　とじ針 中細用 No.12

Spain パッチワークバッグ page 40

【糸】

g THE WOOL（ウィーアーニッターズ）
　素材…ウール 100％
　糸長…80m/200g

h THE BABY ALPACA（ウィーアーニッターズ）
　素材…ベビーアルパカ 100％、
　糸長…112m/50g

【用具】

i ジャンボ棒針…長さ 37cm／太さ 15mm
　とじ針 極太用 No.10

● ゲージについて
編み地 10cm あたりの目数と段数を表わしたものをゲージといいます。サイズどおりに編むための目安にします。試しに編み地を編んでみて、指定ゲージより目数と段数が多い場合は針を太くし、少ない場合は細くして調整してください。

編込みミトンの編み方

p.06〜33の編込みミトンは同じ編み方です。p.48までの解説を参考に編んでください。

11 The antique plate of Estonia - p.28

【糸】リッチモア パーセント：
グレー（93）40g、朱赤（117）30g
リッチモア サスペンス：
うすゴールド（12）10g
【針】2号、3号4本棒針、3/0号かぎ針
【ゲージ】
メリヤス編みの編込み模様
A：17目20段が5cm四方
B：34目34段が10cm四方
【サイズ】
てのひら回り21cm、長さ24cm
【編み方】糸は「パーセント」1本どりで
編みます。指に糸をかける方法で、2号針
で48目作り目して輪にし、メリヤス編みを
2段編みます。56目に増し、「サスペンス」
2本どりを挟みながら、メリヤス編みの編込
み模様Aを編みます。3号針に替えて72目
に増し、配色の「パーセント」1本どりを挟
みながらメリヤス編みの編込み模様Bを編
みますが、親指穴の下側は休み目、上側は作
り目します（p.46参照）。指先を図のように
減らし、残った4目に糸を通して絞ります。
親指は拾い目してメリヤス編みで輪に編み、
糸を通して絞ります（p.47参照）。

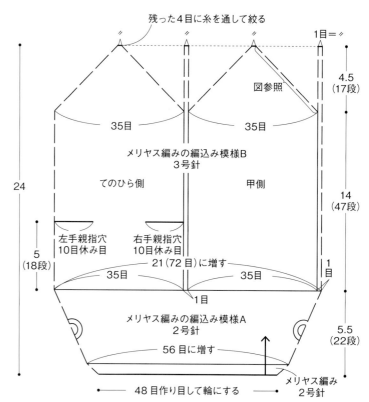

残った4目に糸を通して絞る

1目＝〃

4.5
(17段)

図参照

35目　　35目

メリヤス編みの編込み模様B
3号針

てのひら側　　甲側

14
(47段)

左手親指穴
10目休み目　　右手親指穴
10目休み目

21(72目)に増す

35目　　35目

1目

1目

24

5
(18段)

メリヤス編みの編込み模様A
2号針

56目に増す

5.5
(22段)

48目作り目して輪にする

メリヤス編み
2号針

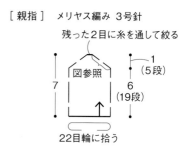

［親指］メリヤス編み　3号針

残った2目に糸を通して絞る

図参照

7

6
(19段)

1
(5段)

22目輪に拾う

親指の目の拾い方

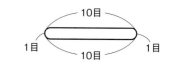

10目

1目　　1目

10目

親指の減し方

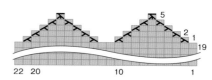

5

2
1
19

22 20　　10　　1

詳しい図はp.49へ

編み方のプロセス

作り目

1

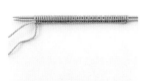

グレーの糸を1本どりで、2号針2本で指に糸をかける方法で48目作り目をする。

2

作り目の針1本を抜き、3本の針に16目ずつ分けて輪にする。これが1段めになる。

メリヤス編み

3

2段めを表目で編む。輪の始めはゆるみやすいので少しきつめに編む。続けて3段めも表目で編む。

ねじり目（Ω）

4

4段め6目めまで編んで、7目めでねじり目（Ω）で増す。まず、7目と8目めの間に渡る糸を右の針ですくう。

5

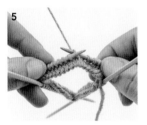

すくった糸を左の針にかけ、右の針を向う側に移動させる。

6

糸を引き出し、表目を編む。同様にねじり目（Ω）で増しながら4段めを編む。

編込み模様A

7

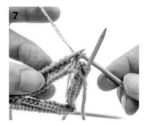

5段め1目めから、配色糸（ゴールド）も用いて表目の編込みが始まる。編込みの編み方は11〜14を参考に編む。

8

7段めまで編めたところ。

point

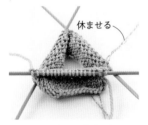

休ませる

6段めのように配色糸がない段は、地糸だけで編んで配色糸は編まずに休ませておく。

9

カット

22段めまで編めたところ。配色糸（ゴールド）の糸端を5cm残してカットする。

編込み模様B

10

3号

1段め。3号針に替えてねじり目（Ω）で増しながら編む。

11

3段め8目め。地糸（グレー）を休ませ、配色糸（朱赤）を挟んで表目を編む。

12

休ませる

配色糸（朱赤）が前にくるときは、地糸（グレー）を休ませる。

13

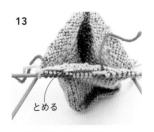

とめる

色が6目以上連続で替わらないときは、3〜5目ごとに、休ませている糸と編んでいる糸を1回交差させ、休ませている糸を裏でとめる。こうすることで手にはめたときに指に引っかからなくなる。

point

OK　　**NG**

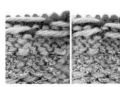

裏でとめる箇所は、次の段で同じ位置にならないようにずらすと、表から見たときにきれいに編める。

14

配色糸と地糸が替わる位置で針を替えるようにするときれいに編める。

親指穴を作る

15

親指穴を作る18段まで編んだところ。

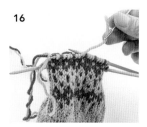
16

別糸を用意してとじ針に通し、親指穴の目数分（10目）に別糸を通して、休めておく。

17

別糸を通した親指穴の左端2、3目に、もともと入っていた棒針を差してから、次の段を編み始めるときれいに編める。

point

17

次の段で、親指穴の上に目を作る。糸を左手に持ち、針の手前から向うに2回巻く。

18

17の★を左手でつまみ、針にかぶせる。

19

かぶせて1目ができた。同様にあと9目、編み図の配色で目を作る。

20

10目作ったところ。そのまま続けて図案どおりに編む。

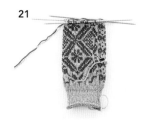
21

増減なく図案どおりに編み進め、47段めまで編めたところ。

減し目（右上2目一度）

22

1段め2目め。右上2目一度（人）で減し目をする。1目めに手前から針を入れて、そのまま編まずに右の針へ移す。

23

次の目を表目で編む。

24

22で右に移した目に左の針を入れ、編んだ目にかぶせる。

25

右の目が左の目の上に重なり、2目が1目に減る（右上2目一度）。

減し目（左上2目一度）

26

34目め。左上2目一度（人）で減し目をする。2目一緒に表目を編む。

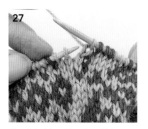
27

左の目が右の目の上に重なり、2目が1目に減る（左上2目一度）。

28

同様に減らしながら、16段編み進める。配色糸は糸端を5cmほど残してカットする。

減し目（右上3目一度）

29

17段め1目めは表目を編み、2〜4目めは右上3目一度で減し目をする。1目を手前から針を入れて、右の針に移す。

30

移したところ。

31

次の2目を一緒に表目で編む。

32

30で右に移した目に左の針を入れ、編んだ目にかぶせる。

33

右上3目一度で目が減ったところ。

34

糸端を15cmほど残してカットし、とじ針に通して、残りの4目に2回糸を通す。

35

糸を通しているところ。棒針は外す。

36

糸端を先端から中に入れる。

37

ミトンを中表に返し、裏に3回ほど糸をからげ、余分な糸端はカットする。

親指を編む

38

親指を3号針で編む。親指穴の別糸を通していた目に3号針を通す。

39

配色糸で、表目で編む。編み始めの糸端は10cm残しておく。（ここではわかりやすくするために違う色の糸を使用）

40

8目編んだところで棒針を替える。9目めを編んでいるところ。

41

10目編めたら、上下の間の糸を拾い、時計回りにねじってから棒針にかける。

42

棒針にかけた目を表目で編む。

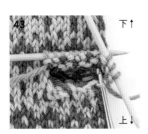

43

上の段は、かぎ針で拾う。

44

かぎ針で拾うところ。

45

かぎ針で拾い、糸を引き出す。

46

糸を引き出したところ。

47

引き出してできたループを左手で持ち、かぎ針を入れた同じ方向から右の針にかける。

48

同様に**44**の矢印箇所をかぎ針で引き出していき、親指上側も10目作れたら**41**のように上下の間の糸を拾って目を作る。

49

3号針3本に8目、7目、7目となるように分けて、計22目作ったところ。

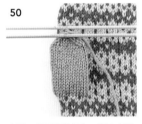

50

表目で必要段数編む。減し目は**22～33**を参考に編む。

51

34～37を参考に、編終りの糸端を始末する。

52

編始めの糸は、とじ針に通し指のつけ根の穴をふさぐように糸を2、3回からげる。

53

糸をからげて穴をふさいだところ。余分な糸端はカットする。

54

本体の残りの糸端もすべて同様に、裏側で糸をからげて始末する。

55

当て布をし、スチームアイロンを当てる。目がそろってきれいに仕上がる。

出来上り。右手のミトンも同様に編む。

point

糸は編み進めるうちに、地糸と配色糸の2本がねじれてくる。ねじれによって編みづらい場合は、ときどき反対にねじって、ほどくようにする。

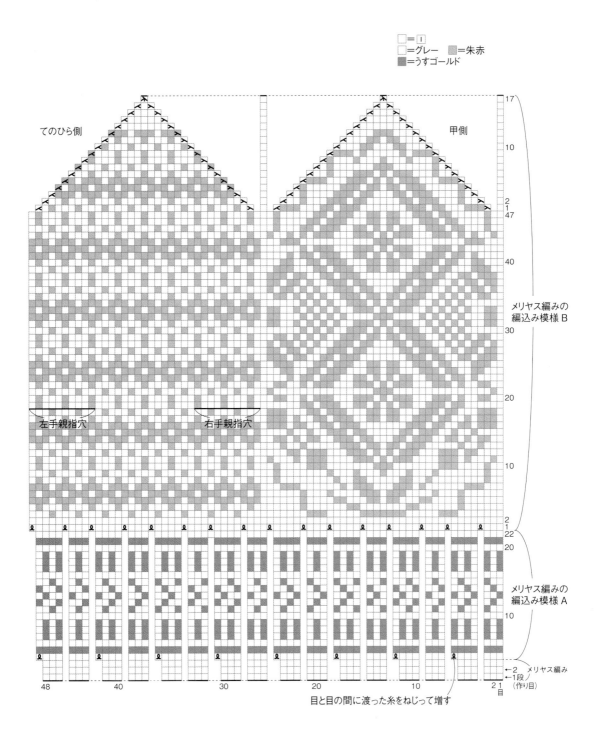

□ = 1
□ = グレー　■ = 朱赤
■ = うすゴールド

てのひら側　　　　　　　　　　　　　甲側

メリヤス編みの
編込み模様 B

左手親指穴　　　右手親指穴

メリヤス編みの
編込み模様 A

← 2 ┐ メリヤス編み
← 1段 ┘
（作り目）

48　　　40　　　30　　　20　　　10　　　2 1
目　　　　　　　　　　　　　　　　　　　　　　目

目と目の間に渡った糸をねじって増す

【糸】リッチモア パーセント：
ベージュ：（19）35g、ダークグリーン（24）30g
リッチモア サスペンス：ゴールド（2）10g
【針】【ゲージ】【サイズ】【編み方】【製図】は p.44 参照

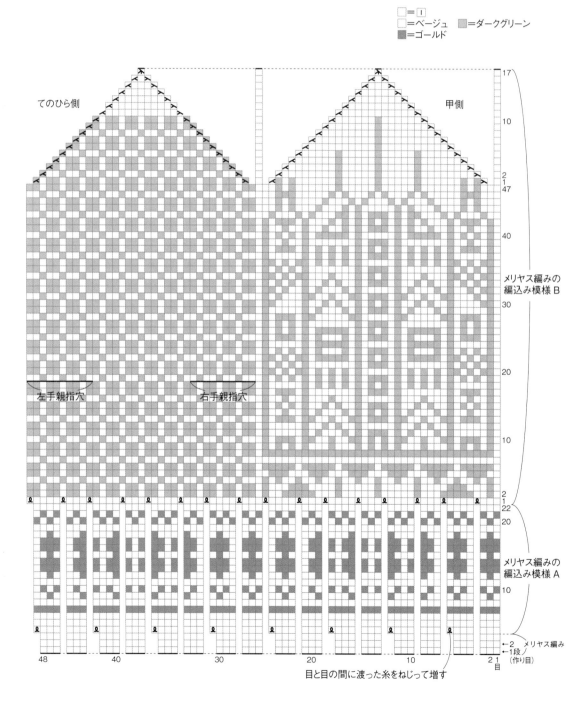

□=☐
□=ベージュ　■=ダークグリーン
■=ゴールド

てのひら側

甲側

メリヤス編みの
編込み模様 B

左手親指穴　　　右手親指穴

メリヤス編みの
編込み模様 A

←2　メリヤス編み
←1段
（作り目）

目と目の間に渡った糸をねじって増す

02 Brugge lace - p.08

【糸】黒／リッチモア パーセント：
a ライトベージュ（123）40g、b ブラック（90）30g
白／リッチモア パーセント：
a オフホワイト（2）40g、b ベージュ（20）30g
共通
リッチモア サスペンス：ゴールド（2）10g
【針】【ゲージ】【サイズ】【編み方】【製図】は p.44 参照

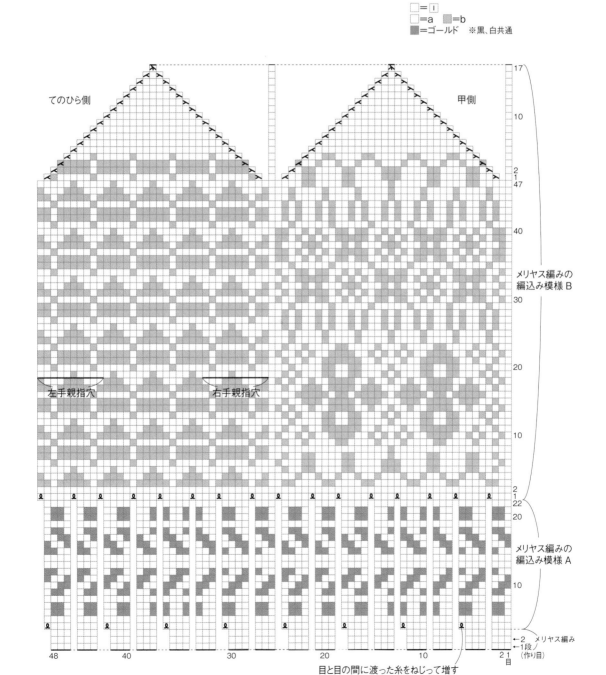

□ =|I|
□ =a ▨ =b
■ =ゴールド ※黒、白共通

てのひら側　　　　　　　　　　　　　　　　　甲側

左手親指穴　　　右手親指穴

メリヤス編みの
編込み模様 B

メリヤス編みの
編込み模様 A

メリヤス編み
←2
←1段（作り目）

目と目の間に渡った糸をねじって増す

48　　40　　30　　20　　10　　2 1 目

03 Chocolat - p.10

【糸】リッチモア パーセント：
ベージュ（20）40g、ブラウン（125）30g
リッチモア サスペンス：ゴールド（2）10g
【針】【ゲージ】【サイズ】【編み方】【製図】は p.44 参照

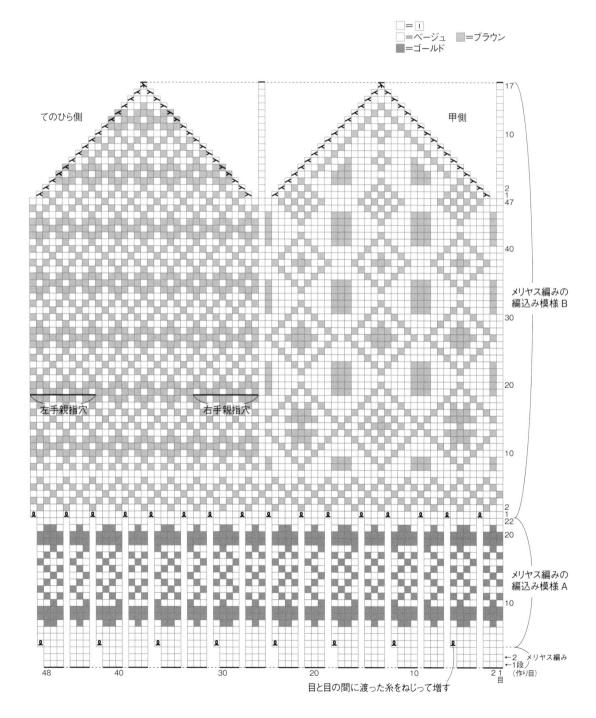

52

04 The church of Croatia - p.12

【糸】リッチモア パーセント：
オフホワイト（2）35g、ブラウン（125）30g
リッチモア サスペンス：ゴールド（2）10g
【針】【ゲージ】【サイズ】【編み方】【製図】は p.44 参照

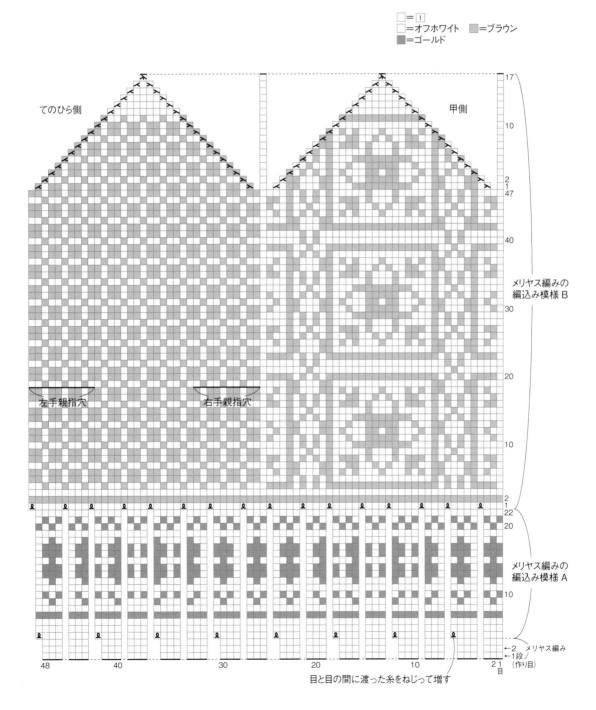

□=囗
□=オフホワイト　　■=ブラウン
■=ゴールド

てのひら側　　　　　　　　　甲側

メリヤス編みの
編込み模様 B

左手親指穴　　　右手親指穴

メリヤス編みの
編込み模様 A

←2 メリヤス編み
←1段
（作り目）

目と目の間に渡った糸をねじって増す

48　　40　　　30　　　20　　　10　　2 1
　　　　　　　　　　　　　　　　　　　目

【糸】黒／リッチモア パーセント：
aライトベージュ（123）40g、bブラック（90）30g
黄／リッチモア パーセント：
ライトベージュ（123）40g、bイエロー（14）30g
共通
リッチモア サスペンス：ゴールド（2）10g
【針】【ゲージ】【サイズ】【編み方】【製図】は p.44 参照

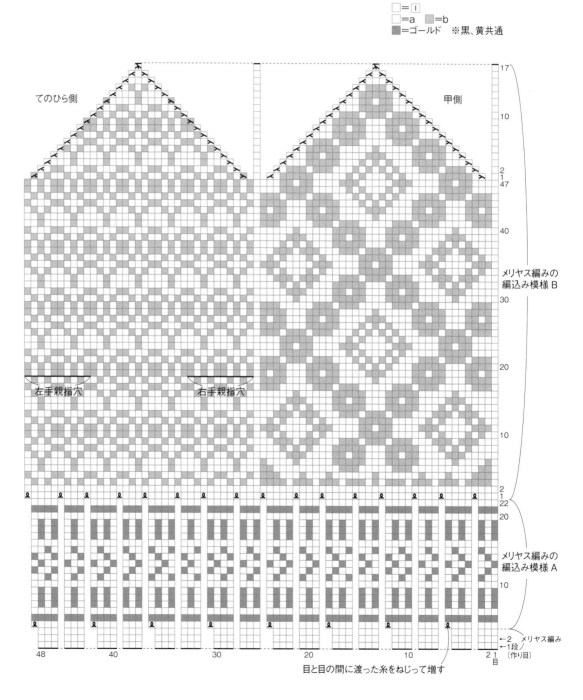

□=|

□=a ▨=b

▩=ゴールド　※黒、黄共通

てのひら側　　　　甲側

メリヤス編みの
編込み模様 B

右手親指穴　　　右手親指穴

メリヤス編みの
編込み模様 A

←2 メリヤス編み
←1段（作り目）

目と目の間に渡った糸をねじって増す

06 Latvian decoration - p.18

【糸】リッチモア パーセント：
テラコッタ（77）40g、コーラル（81）30g
リッチモア サスペンス：うすゴールド（12）10g
【針】【ゲージ】【サイズ】【編み方】【製図】は p.44 参照

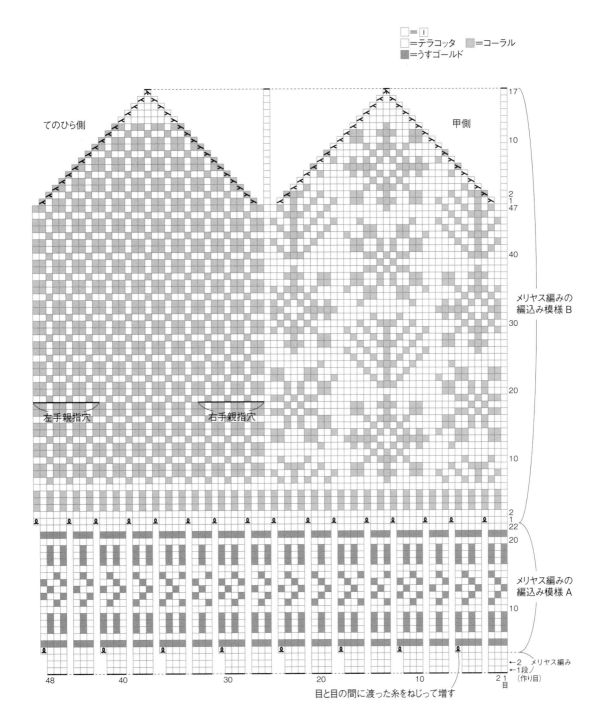

07 Decorations in Porto - p.20

【糸】リッチモア パーセント：
ライトベージュ（123）40g、マスタード（8）30g
リッチモア サスペンス：ゴールド（2）10g
【針】【ゲージ】【サイズ】【編み方】【製図】は p.44 参照

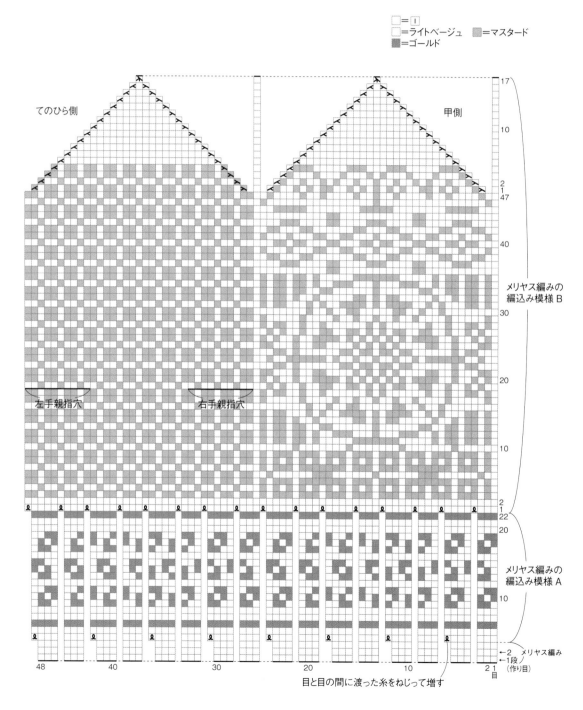

08 Hallstatt - p.22

【糸】リッチモア パーセント：
ライトグリーン（17）40g、ネイビー（28）25g
リッチモア サスペンス：うすゴールド（12）10g
【針】【ゲージ】【サイズ】【編み方】【製図】は p.44 参照

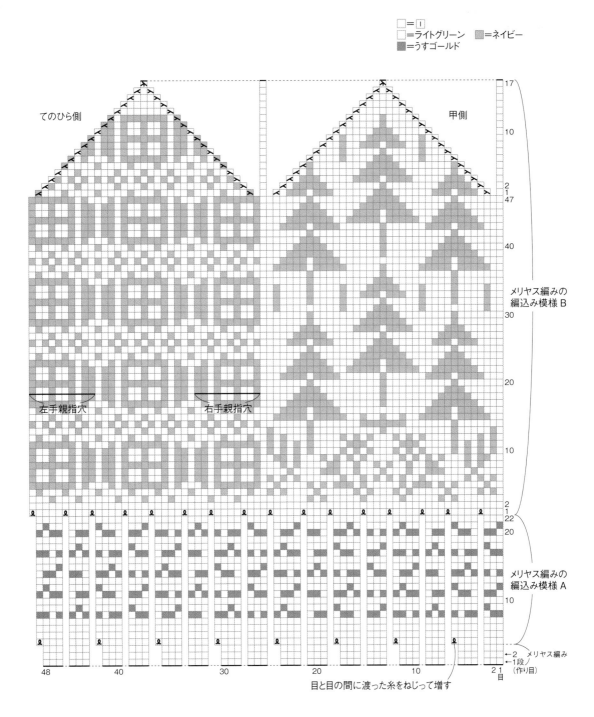

□=回
□=ライトグリーン　▨=ネイビー
▨=うすゴールド

てのひら側　　　　　　　　　　　　　　　　　　甲側

メリヤス編みの
編込み模様 B

左手親指穴　　　右手親指穴

メリヤス編みの
編込み模様 A

←2 メリヤス編み
←1段目
目と目の間に渡った糸をねじって増す

57

08 Hallstatt for men - p.22

【糸】リッチモア パーセント：マスタード
（103）65g、ダークネイビー（47）30g
リッチモア サスペンス：うすゴールド（12）
10g
【針】2号、3号4本棒針、3/0号かぎ針
【ゲージ】
メリヤス編みの編込み模様
A：17目20段が5cm四方
B：34目34段が10cm四方
【サイズ】
てのひら回り24.5cm、長さ26cm
【編み方】
糸は「パーセント」1本どりで編みます。指
に糸をかける方法で、2号針で54目作り目
して輪にし、メリヤス編みを3段編みます。
70目に増し、「サスペンス」2本どりを挟
みながら、メリヤス編みの編込み模様Aを
編みます。3号針に替えて84目に増し、配
色の「パーセント」1本どりを挟みながら
メリヤス編みの編込み模様Bを編みますが、
親指穴の下側は休み目、上側は作り目します
（p.46参照）。指先を図のように減らし、残
った4目に糸を通して絞ります。親指は拾い
目してメリヤス編みで輪に編み、糸を通して
絞ります（p.47参照）。

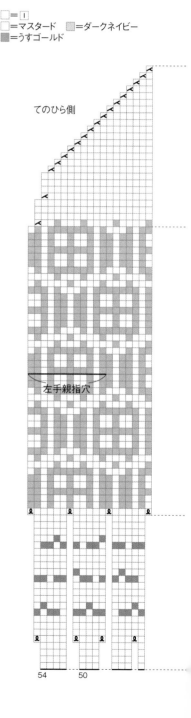

□=Ⅰ
□=マスタード　　▨=ダークネイビー
▧=うすゴールド

てのひら側

左手親指穴

7
(26段)

13
(43段)

6
(23段)

54　　50

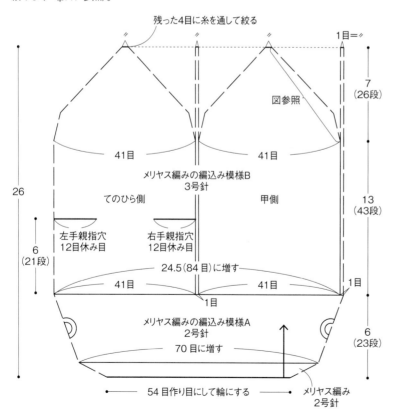

残った4目に糸を通して絞る

1目＝〃

図参照

41目　　41目

メリヤス編みの編込み模様B
3号針

てのひら側　　甲側

左手親指穴
12目休み目　　右手親指穴
12目休み目

24.5（84目）に増す

41目　　41目

1目

1目

メリヤス編みの編込み模様A
2号針

70目に増す

54目作り目にして輪にする

メリヤス編み
2号針

26

6
(21段)

残った2目に糸を通して絞る

図参照

7

5.5
(22段)

1.5
(6段)

26目輪に拾う

親指の目の拾い方

12目

1目　　　　　　　1目

12目

親指の減し方

6

2
1
22

26　　　20　　　　10　　　　1

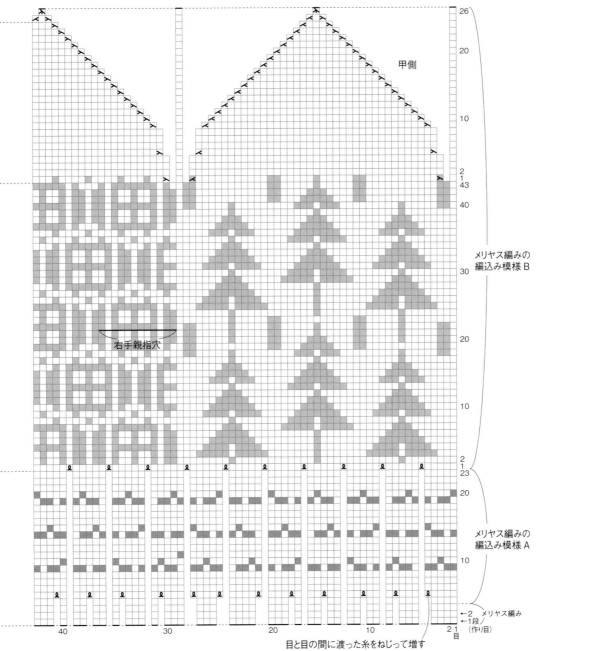

甲側

26

20

10

2
1
43

40

メリヤス編みの
編込み模様 B

30

20

右手親指穴

10

2
1
23

20

メリヤス編みの
編込み模様 A

10

←2　メリヤス編み
←1段
（作り目）

40　　　　　　30　　　　　　20　　　　　　10　　　　　2 1
目

目と目の間に渡った糸をねじって増す

09 Netherlands - p.24, 33

【糸】p.24／リッチモア パーセント：
aベージュ（20）35g、bオレンジ（87）20g
リッチモア サスペンス：ゴールド（2）10g
p.33／リッチモア パーセント：aライトカーキ
（12）35g、bピンク（67）20g
共通
リッチモア サスペンス：うすゴールド（12）10g
【針】【ゲージ】【サイズ】【編み方】は
p.61 参照

[親指]

□=□
□=a ■=b
■=ゴールド、うすゴールド

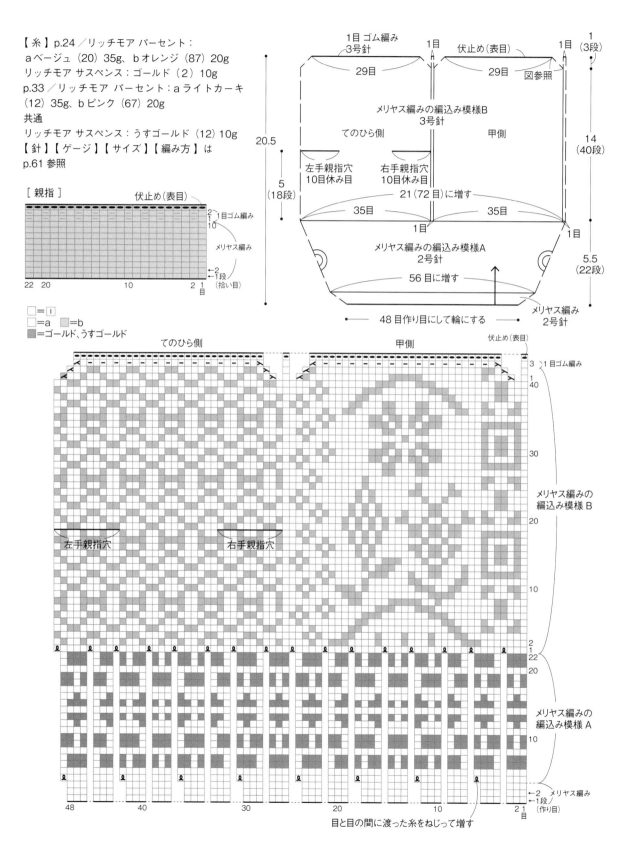

48 40 30 20 10 2 1
目と目の間に渡った糸をねじって増す

10 Pattern - p.26

【糸】リッチモア パーセント：
ブラック（90）35g、
ライトベージュ（123）25g
リッチモア サスペンス：ゴールド（2）10g
【針】2号、3号4本棒針、3/0号かぎ針
【ゲージ】
メリヤス編みの編込み模様
A：17目20段が5cm四方
B：34目34段が10cm四方
【サイズ】
てのひら回り21cm、長さ20.5cm
【編み方】
糸は「パーセント」1本どりで編みます。指に糸をかける方法で、2号針で48目作り目して輪にし、メリヤス編みを2段編みます。56目に増し、「サスペンス」2本どりを挟みながら、メリヤス編みの編込み模様Aを編みます。3号針に替えて72目に増し、配色の「パーセント」1本どりを挟みながらメリ

ヤス編みの編込み模様Bを編みますが、親指穴の下側は休み目、上側は作り目します（p.46参照）。指先側を図のように減らし、1目ゴム編みを編み、伏止め（表目）をします。親指は拾い目してメリヤス編みと1目ゴム編みで輪に編み、伏止め（表目）をします。

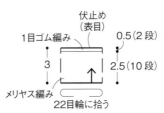

[親指] 3号針

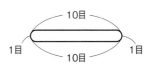

親指の目の拾い方

□=|1|
□=ブラック　▨=ライトベージュ
▨=ゴールド

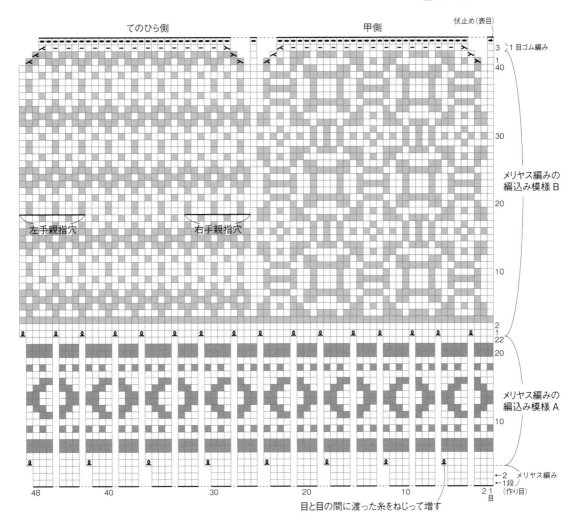

61

【糸】リッチモア パーセント：ベージュ（84）35g、
ベリーピンク（65）30g
リッチモア サスペンス：ゴールド（2）10g
【針】【ゲージ】【サイズ】【編み方】【製図】は p.44 参照

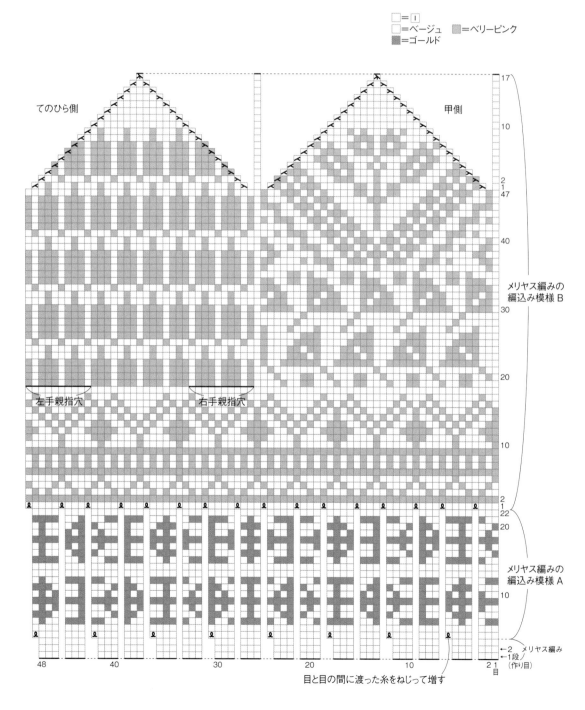

□=ベージュ　　■=ベリーピンク
■=ゴールド

てのひら側　　　　　　　　　　　　甲側

左手親指穴　　　　　　右手親指穴

メリヤス編みの
編込み模様 B

メリヤス編みの
編込み模様 A

←2 メリヤス編み
←1段 （作り目）
2 1
目

目と目の間に渡った糸をねじって増す

13 もこもこミトンA、B - p.34

【糸】 A／リッチモア パーセント：ライトベージュ（123）70g
B／リッチモア パーセント：ブラウン（125）70g
【針】 3号4本棒針、3/0号かぎ針
【ゲージ】
メリヤス編み：29目40段が10cm四方
ループ編みの模様編み：16目が6cm、46段が13cm
【サイズ】
てのひら回り19cm、長さ24cm
【編み方】
糸は1本どりで編みます。
指に糸をかける方法で48目作り目して輪にし、2目ゴム編みを23段編みます。54目に増してメリヤス編み、甲側にループ編みの模様編み（p.65参照）を入れながら編みますが、親指穴の下側は休み目、上側は作り目します（p.46参照）。指先を図のように減らし、残った6目に糸を通して絞ります。親指は拾い目してメリヤス編みで輪に編み、糸を通して絞ります（p.47参照）。

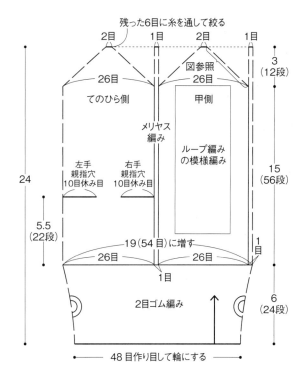

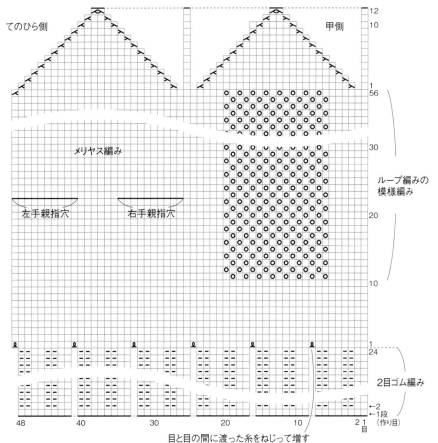

[親指]
→p.44を参照して編む

□ = ▢
○ = ループ編み

目と目の間に渡った糸をねじって増す

13 もこもこミトンC - p.35

【糸】リッチモア パーセント：ブルー（24）
35g、グリーン（12）20g、ライトベージュ（123）
10g
【針】3号4本棒針、3/0号かぎ針
【ゲージ】
メリヤス編み：29目40段が10cm四方
ループ編みの模様編み：16目が6cm、32
段が9cm
【サイズ】
てのひら回り19cm、長さ19.5cm
【編み方】
糸は1本どりで編みます。
指に糸をかける方法で48目作り目して輪に
し、2目ゴム編みを23段編みます。54目
に増してメリヤス編み、甲側にループ編みの
模様編み（写真参照）を入れながら編みます
が、親指穴の下側は休み目、上側は作り目し
ます（p.46参照）。指先側で表2目裏1目の
ゴム編みを編み、伏止め（表目）します。親
指は拾い目して（p.47参照）、メリヤス編み
と1目ゴム編みで輪に編み、伏止め（表目）
します。

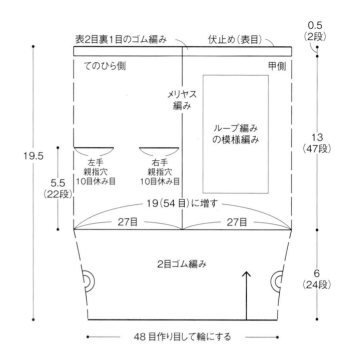

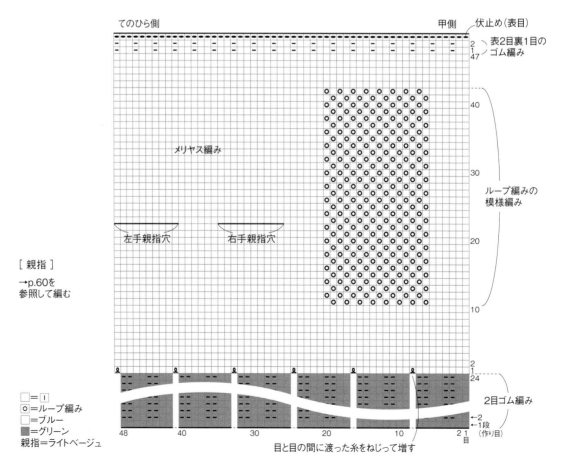

［親指］
→p.60を
参照して編む

□=|
○=ループ編み
□=ブルー
■=グリーン
親指=ライトベージュ

目と目の間に渡った糸をねじって増す

ループ編み（○）の編み方

1 ループを編みたい位置で、糸を手前に引き出す。このとき、左の針にかかった目ははずさないでおく。

2 右手で糸を引き、左の針の手前に糸を持っていきながら、そのまま左手の親指に糸をかける。

3 左手の親指に糸をかけたところ。

4 左手親指にかかっている糸を左の針の後ろに移す。親指にかけた糸の左側から、1で左の針にかけておいた目（★）で表目を編む。

5 右の針にかかっている2目に左の針を手前から入れ、右の針で2目同時に表目を編む。

6 糸を引き出したところ。2つめのループができた。

16 プチミトン - p.39

【糸】リッチモア パーセント：好みの色 5g
【針】2号4本棒針、3/0号かぎ針
【ゲージ】メリヤス編み：29目40段が10cm四方
【サイズ】
幅3×高さ5.5cm
【編み方】
糸は1本どりで編みます。
指に糸をかける方法（針は1本のみ使用）で16目作り目して輪にし、2目ゴム編みを7段編みます。20目に増してメリヤス編みを編みますが、親指穴の下側は休み目、上側は作り目します（p.46参照）。指先を図のように減らし、残った4目に糸を通して絞ります。親指は拾い目してメリヤス編みで輪に編み、糸を通して絞ります（p.47参照）。
【オーナメント】
頂点の編み目の糸1本をすくってひもを通し、2本一緒にひと結びする。

親指の目の拾い方

[親指]
メリヤス編み
2号針

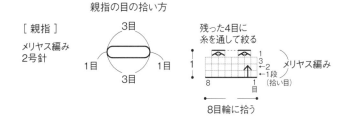

3目
1目　　1目
3目

残った4目に糸を通して絞る

8目輪に拾う

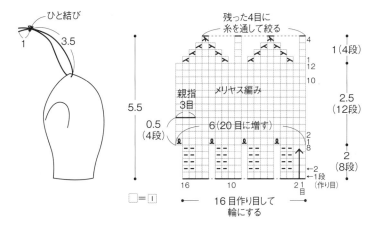

□ = Ι

14 編込みキッズミトン サイズS - p.36

【糸】リッチモア パーセント、リッチモア サスペンス：各編み図参照

【針】2号、3号4本棒針
3/0号かぎ針、5/0号かぎ針

【ゲージ】
メリヤス編みの編込み模様：36目34段が10cm四方

【サイズ】
てのひら回り14cm、長さ13cm

【編み方】
糸は「パーセント」1本どりで編みます。指に糸をかける方法で、2号針で40目作り目して輪にし、2目ゴム編みを9段編みます。3号針に替えて48目に増し、「サスペンス」2本どりを挟みながらメリヤス編みの編込み模様を編みます。5段め以降は配色の「パーセント」1本どりを挟みながらメリヤス編みの編込み模様を編みますが、親指穴の下側は休み目、上側は作り目します（p.46参照）。指先を図のように減らし、残った4目に糸を通して絞ります。親指は拾い目してメリヤス編みで輪に編み、糸を通して絞ります（p.47参照）。首ひもは「パーセント」430cmを2本どりにし、糸端を10cm残して5/0号かぎ針で鎖編みを210目（85cm）編み、とじつけます（p.72参照）。

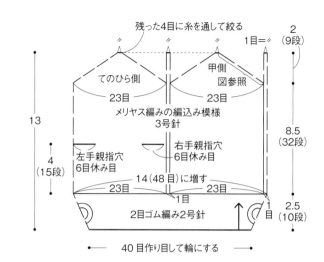

Brugge lace

【糸】好みの色糸で編む
地糸（パーセント）：25g
配色糸（パーセント）：15g
配色糸（サスペンス）：150cmを2本どり

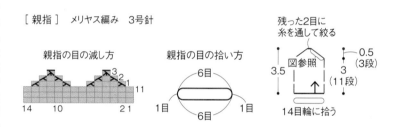

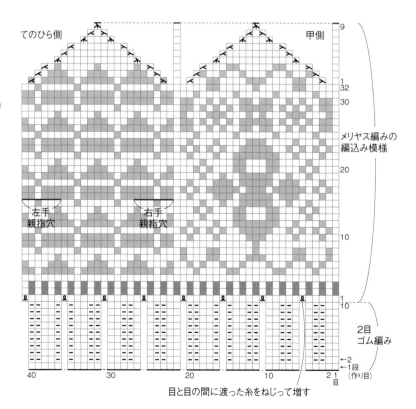

□=🔲
□=地糸（パーセント）
▨=配色糸（パーセント）
▨=配色糸（サスペンス）
※親指と首ひもの糸は配色糸（パーセント）

目と目の間に渡った糸をねじって増す

The antique plate of Estonia

【糸】リッチモア パーセント：
ベージュ（84）25g
ピンク（72）15g
リッチモア サスペンス：
ゴールド（2）130cmを2本どり

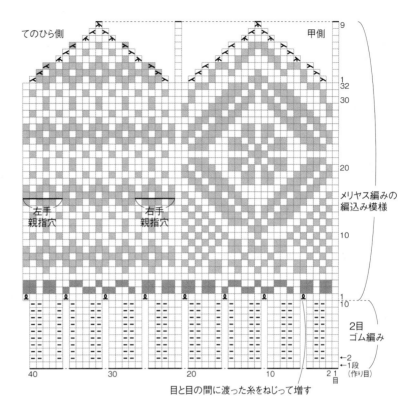

てのひら側　　　　　　　甲側

左手
親指穴　　　右手
親指穴

メリヤス編みの
編込み模様

2目
ゴム編み

←2
←1段
（作り目）

40　　　　30　　　　20　　　　10　　2 1
目

目と目の間に渡った糸をねじって増す

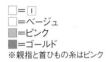
□=Ⅰ
□=ベージュ
▨=ピンク
▉=ゴールド
※親指と首ひもの糸はピンク

Hallstatt

【糸】好みの色糸で編む
地糸（パーセント）：25g
配色糸（パーセント）：15g
配色糸（サスペンス）：120cmを2本どり

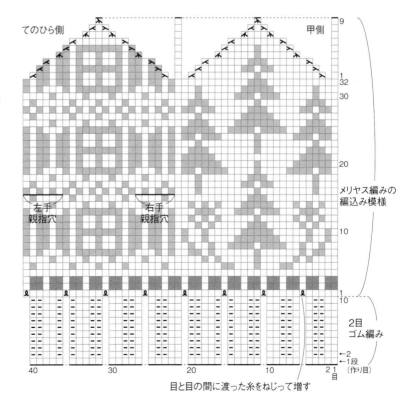

てのひら側　　　　　　　甲側

左手
親指穴　　　右手
親指穴

メリヤス編みの
編込み模様

2目
ゴム編み

←2
←1段
（作り目）

40　　　　30　　　　20　　　　10　　2 1
目

目と目の間に渡った糸をねじって増す

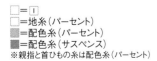
□=Ⅰ
□=地糸（パーセント）
▨=配色糸（パーセント）
▉=配色糸（サスペンス）
※親指と首ひもの糸は配色糸（パーセント）

編込みキッズミトン サイズM - p.36

【糸】リッチモア パーセント、リッチモア サスペンス：各編み図参照
【針】2号、3号4本棒針
3/0号かぎ針、5/0号かぎ針
【ゲージ】
メリヤス編みの編込み模様：36目34段が10cm四方
【サイズ】
てのひら回り18cm、長さ17cm
【編み方】
糸は「パーセント」1本どりで編みます。指に糸をかける方法で、2号針で48作り目して輪にし、2目ゴム編みを15段編みます。3号針に替えて60目に増し、「サスペンス」2本どりを挟みながらメリヤス編みの編込み模様を編みます。6段め以降は配色の「パーセント」1本どりを挟みながらメリヤス編みの編込み模様を編みますが、親指穴の下側は休み目、上側は作り目します（p.46参照）。指先を図のように減らし、残った4目に糸を通して絞ります。親指は拾い目してメリヤス編みで輪に編み、糸を通して絞ります（p.47参照）。首ひもは「パーセント」480cmを2本どりにし、糸端を10cm残して5/0号かぎ針で鎖編みを245目（100cm）編み、とじつけます（p.72参照）。

Brugge lace

【糸】好みの色糸で編む
地糸（パーセント）：30g
配色糸（パーセント）：25g
配色糸（サスペンス）：270cmを2本どり

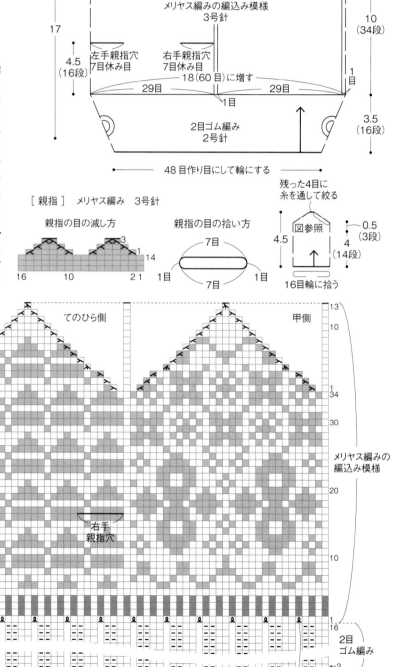

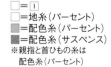

□=|
□=地糸（パーセント）
▨=配色糸（パーセント）
■=配色糸（サスペンス）
※親指と首ひもの糸は配色糸（パーセント）

目と目の間に渡った糸をねじって増す

The antique plate of Estonia

【糸】好みの色糸で編む
地糸（パーセント）：30g
配色糸（パーセント）：20g
配色糸（サスペンス）：
170cmを2本どり

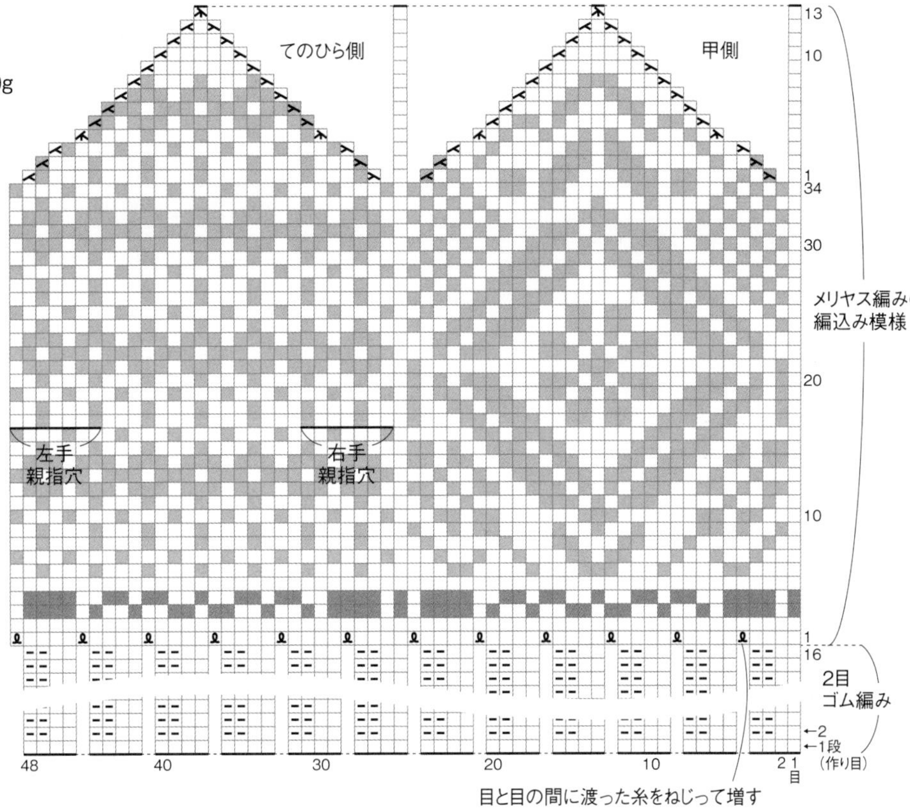

てのひら側　　甲側

13
10

メリヤス編みの
編込み模様

30

20

左手
親指穴　　右手
親指穴

10

□＝ I
□＝地糸（パーセント）
▨＝配色糸（パーセント）
▨＝配色糸（サスペンス）
※親指と首ひもの糸は
　配色糸（パーセント）

34
30
1
16

2目
ゴム編み

←2
←1段
（作り目）

48　　40　　30　　20　　10　　2 1目

目と目の間に渡った糸をねじって増す

Hallstatt

【糸】リッチモア パーセント：
ライトブルー（23）30g
マスタード（8）30g
リッチモア サスペンス：
ゴールド（2）170cmを
2本どり

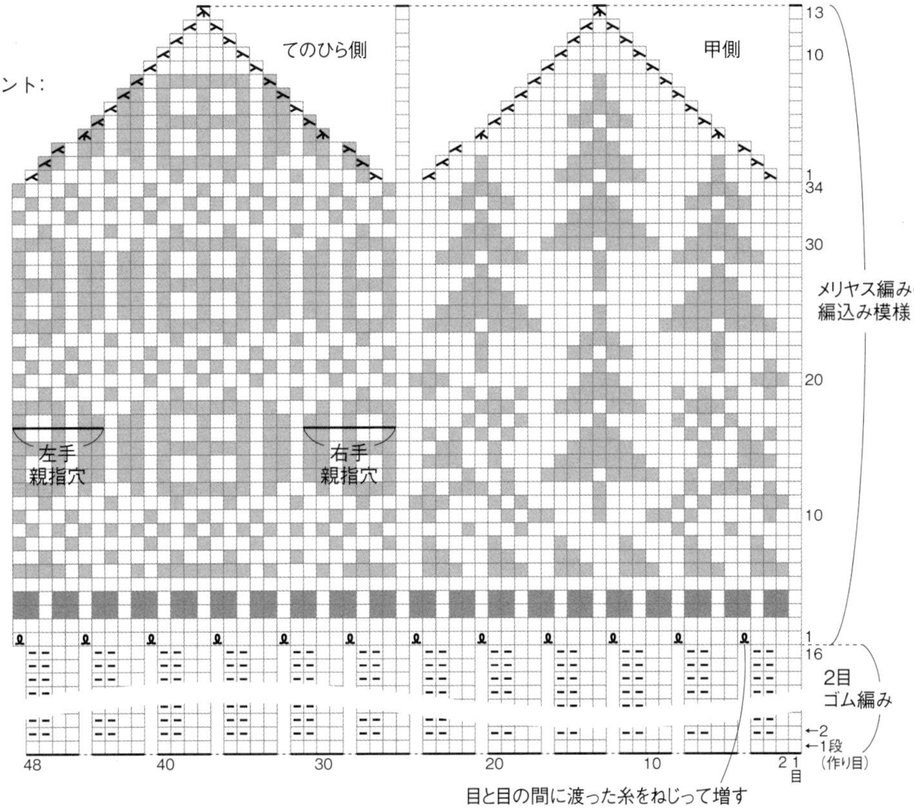

てのひら側　　甲側

13
10

メリヤス編みの
編込み模様

30

20

左手
親指穴　　右手
親指穴

10

□＝ I
□＝ライトブルー
▨＝マスタード
▨＝ゴールド
※親指と首ひもの糸はマスタード

34
1

16

2目
ゴム編み

←2
←1段
（作り目）

48　　40　　30　　20　　10　　2 1目

目と目の間に渡った糸をねじって増す

【糸】リッチモア パーセント、リッチモア サ
スペンス：各編み図参照
【針】2号、3号4本棒針、3/0号かぎ針、
5/0号かぎ針
【ゲージ】
メリヤス編みの編込み模様：36目34段が
10cm四方
【サイズ】てのひら回り19cm、長さ20cm
【編み方】
糸は「パーセント」1本どりで編みます。指
に糸をかける方法で、2号針で48作り目
して輪にし、2目ゴム編みを19段編みます。
3号針に替えて64目に増し、「サスペンス」
2本どりを挟みながらメリヤス編みの編込み
模様を編みます。6段め以降は配色の「パー
セント」1本どりを挟みながらメリヤス編み
の編込み模様を編みますが、親指穴の下側は
休み目、上側は作り目します（p.46参照）。
指先を図のように減らし、残った4目に糸を
通して絞ります。親指は拾い目してメリヤス
編みで輪に編み、糸を通して絞ります（p.47
参照）。首ひもは「パーセント」520cmを2
本どりにし、糸端を10cm残して5/0号かぎ
針で鎖編みを270目（115cm）編み、とじ
つけます（p.72参照）。

Brugge lace

【糸】
リッチモア
パーセント：
マスタード（8）
35g
オフホワイト（2）
25g
リッチモア
サスペンス：
ゴールド（2）
290cmを2本どり

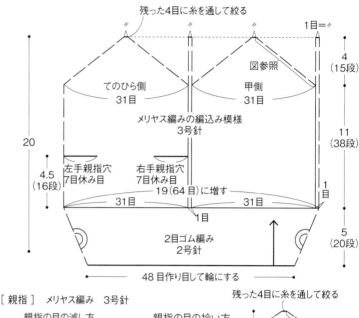

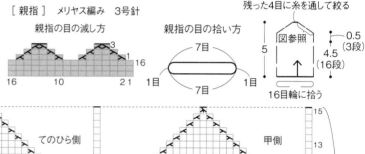

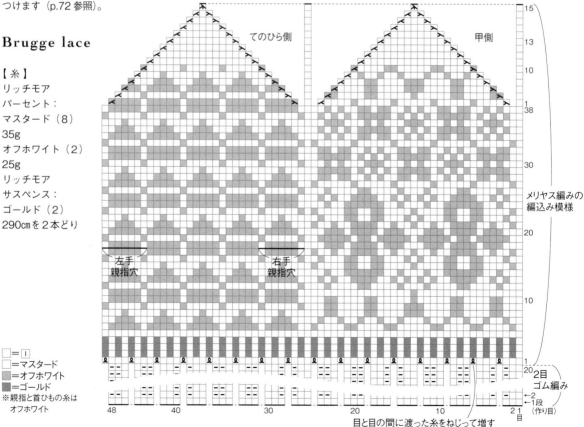

□=|1|
□=マスタード
▨=オフホワイト
■=ゴールド
※親指と首ひもの糸は
オフホワイト

目と目の間に渡った糸をねじって増す

The antique plate of Estonia

【糸】好みの色糸で編む
地糸（パーセント）：35g
配色糸
（パーセント）：25g
配色糸
（サスペンス）：
230cmを2本どり

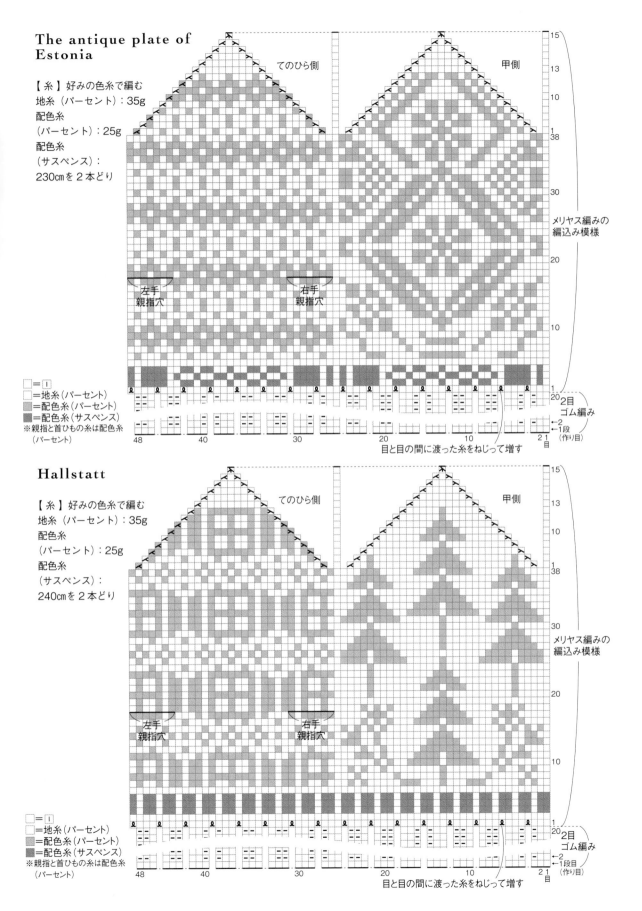

てのひら側

甲側

メリヤス編みの
編込み模様

左手
親指穴

右手
親指穴

□=1
□=地糸（パーセント）
■=配色糸（パーセント）
■=配色糸（サスペンス）
※親指と首ひもの糸は配色糸
（パーセント）

2目
ゴム編み
←2
←1段（作り目）
目と目の間に渡った糸をねじって増す

48　　40　　30　　20　　10　　2 1目

Hallstatt

【糸】好みの色糸で編む
地糸（パーセント）：35g
配色糸
（パーセント）：25g
配色糸
（サスペンス）：
240cmを2本どり

てのひら側

甲側

メリヤス編みの
編込み模様

左手
親指穴

右手
親指穴

□=1
□=地糸（パーセント）
■=配色糸（パーセント）
■=配色糸（サスペンス）
※親指と首ひもの糸は配色糸
（パーセント）

2目
ゴム編み
←2
←1段目
（作り目）
目と目の間に渡った糸をねじって増す

48　　40　　30　　20　　10　　2 1目

15 もこもこキッズミトン - p.38

※3サイズ共通
【編み方】
糸は1本どりで編みます。
指に糸をかける方法でS：36目、M：40目、L：44目作り目して輪にし、2目ゴム編みをS：14段、M：17段、L：19段編みます。S：40目、M：48目、L：52目に増してメリヤス編み、甲側にループ編みの模様編み（p.65参照）を入れながら編みますが、親指穴の下側は休み目、上側は作り目します（p.46参照）。指先を図のように減らし、残った4目に糸を通して絞ります。親指は拾い目してメリヤス編みで輪に編み、糸を通して絞ります。首ひもはS：430cm、M：480cm、L：520cmを2本どりにし、糸端を10cm残して5/0号かぎ針で鎖編みをS：210目（85cm）、M：245目（100cm）、L：270目（115cm）編み、とじつけます。

S
【糸】リッチモア パーセント：パープルピンク（59）30g
【針】3号4本棒針、3/0号かぎ針、5/0号かぎ針
【ゲージ】
メリヤス編み：29目40段が10cm四方
ループ編みの模様編み：11目が4cm、23段が6.5cm
【サイズ】
てのひら回り15cm、長さ13cm

【首ひものつけ方】
首ひもの糸端2本を、それぞれ親指側の脇の編み地の裏側に表にひびかないように通して固結びし、残りの糸端は編み地にくぐらせる
※反対側も同様に

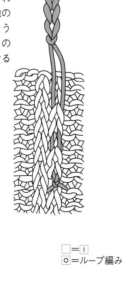

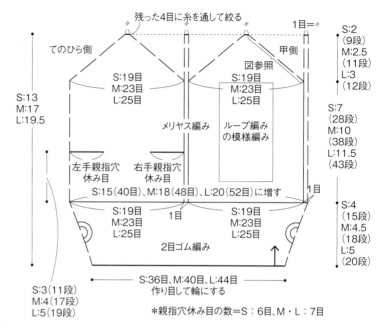

残った4目に糸を通して絞る

1目＝〃

S:2（9段）
M:2.5（11段）
L:3（12段）

S:7（28段）
M:10（38段）
L:11.5（43段）

S:4（15段）
M:4.5（18段）
L:5（20段）

てのひら側　　甲側

S:19目　　図参照
M:23目　　S:19目
L:25目　　M:23目
　　　　　L:25目

メリヤス編み　　ループ編みの模様編み

S:13
M:17
L:19.5

左手親指穴休み目　　右手親指穴休み目

S:15(40目)、M:18(48目)、L:20(52目)に増す

S:19目　　1目　　S:19目
M:23目　　　　　M:23目
L:25目　　　　　L:25目

2目ゴム編み

S:36目、M:40目、L:44目
作り目して輪にする

S:3（11段）
M:4（17段）
L:5（19段）

＊親指穴休み目の数＝S：6目、M・L：7目

［親指］　→p.66を参照して編む

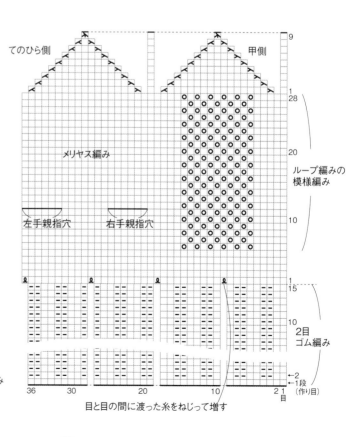

てのひら側　　　　甲側

9

28

メリヤス編み　　ループ編みの模様編み

20

左手親指穴　　右手親指穴

10

15

10

2目ゴム編み

←2
←1段目（作り目）

36　　30　　　20　　　10　　2 1目

目と目の間に渡った糸をねじって増す

□=□
○=ループ編み

M
【糸】リッチモア パーセント：
オフホワイト（2）45g
【針】3号4本棒針、3/0号かぎ針、5/0
号かぎ針
【ゲージ】
メリヤス編み：29目40段が10cm四方
ループ編みの模様編み：13目が5cm、30
段が8cm
【サイズ】
てのひら回り18cm、長さ17cm

[親指]
→p.68を参照して編む

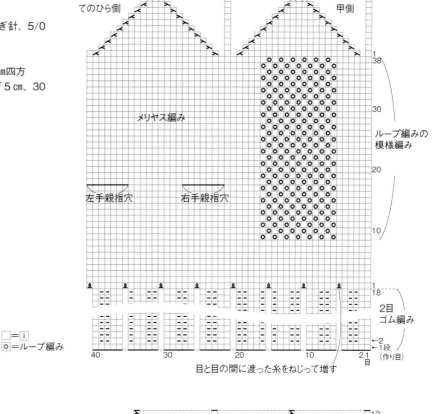

てのひら側　　　　　　　甲側

メリヤス編み

左手親指穴　　　右手親指穴

ループ編みの
模様編み

2目
ゴム編み

目と目の間に渡った糸をねじって増す

□＝|
○＝ループ編み

L
【糸】リッチモア パーセント：
ライトカーキ（12）55g
【針】3号4本棒針、3/0号かぎ針、5/0
号かぎ針
【ゲージ】
メリヤス編み：29目40段が10cm四方
ループ編みの模様編み：15目が5.5cm、34
段が9.5cm
【サイズ】
てのひら回り20cm、長さ19.5cm

[親指]
→p.70を参照して編む

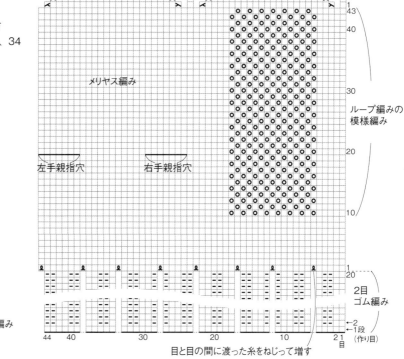

てのひら側　　　　　　　甲側

メリヤス編み

左手親指穴　　　右手親指穴

ループ編みの
模様編み

2目
ゴム編み

目と目の間に渡った糸をねじって増す

□＝|
○＝ループ編み

73

17 Chablis - p.40

【糸】Brume de couleur（ブリュームドクラー）：Soleil du matin（イエロー04）30g
【針】8号4本棒針、7/0号かぎ針
【ゲージ】
メリヤス編み：19目25段が10cm四方
玉編みの模様編み：13目が6.5cm、29段が13cm
【サイズ】
てのひら回り21cm、長さ24cm
【編み方】
糸は2本どりで編みます。
指に糸をかける方法で32目作り目して輪にし、ねじり2目ゴム編みを15段編みます。40目に増してメリヤス編み、図のように表3目裏3目の模様編みを編みます。メリヤス編み、甲側に変り玉編みの模様編みを入れながら編みます（p.79参照）。親指穴の下側は休み目、上側は作り目します（p.46参照）。指先を図のように減らし、残った4目に糸を通して絞ります。親指は拾い目してメリヤス編みで輪に編み、糸を通して絞ります（p.47参照）。

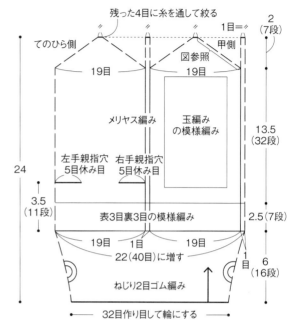

［親指］ メリヤス編み

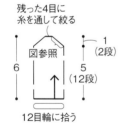

親指の目の拾い方

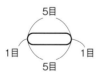

親指の減し方

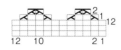

□＝回
◎＝変り玉編み

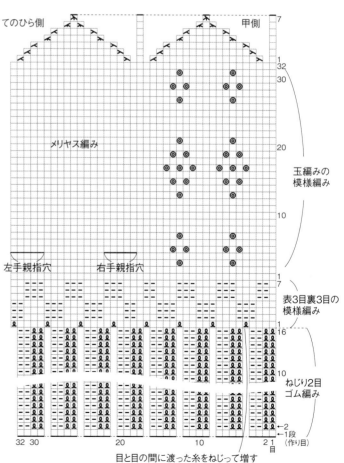

目と目の間に渡った糸をねじって増す

Chablis キッズサイズ - p.40

【糸】Brume de couleur（ブリュームドクラー）：Sous les feuillages（グリーン 08）20g

【針】8号4本棒針、7/0号かぎ針

【ゲージ】
メリヤス編み：19目25段が10cm四方
玉編みの模様編み：13目が7.5cm、19段が8.5cm

【サイズ】
てのひら回り17cm、長さ17.5cm

【編み方】
糸は2本どりで編みます。
指に糸をかける方法で24目作り目して輪にし、ねじり2目ゴム編みを11段編みます。32目に増してメリヤス編み、図のように表3目裏3目の模様編みを編みます。メリヤス編み、甲側に変り玉編みの模様編みを入れながら編みます（p.79参照）。親指穴の下側は休み目、上側は作り目します（p.46参照）。指先を図のように減らし、残った4目に糸を通して絞ります。親指は拾い目してメリヤス編みで輪に編み、糸を通して絞ります（p.47参照）。

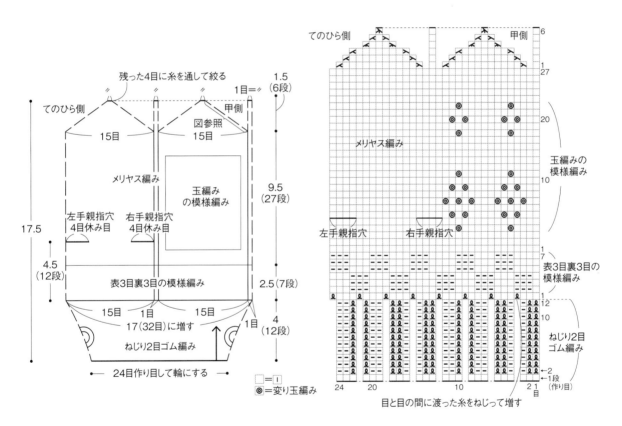

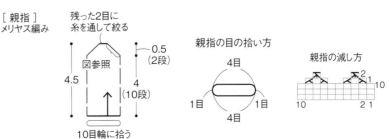

75

【糸】
THE WOOL（ザ ウール）：Sand190g
THE BABY ALPACA（ザ ベビーアル
パカ）：MUSTARD（マスタード）4m、
GAZPACHO（ガスパチョ）2m
【針】ジャンボ 15㎜ 2本棒針
【ゲージ】
ガーター編み：7目 13段が 10㎝四方
メリヤス編み：5目が 7㎝、8段が 10㎝
【サイズ】
本体：幅22㎝、高さ26㎝

【編み方】
糸は「THE WOOL」1本どりで編
みます。
〈本体〉
指に糸をかける方法で9目作り目し
てガーター編みで13段編み、伏止
めします。同じものを8枚編みます。
〈持ち手〉
指に糸をかける方法で5目作り目し
てメリヤス編みで24段編み、伏止
めします。

1 本体と持ち手を編む
糸は「THE WOOL」1本どり

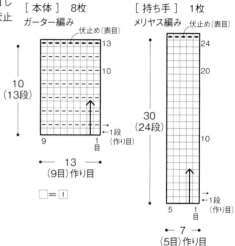

[本体] 8枚 ガーター編み

13
10
（13段）
9 目
13
（9目）作り目

□ ＝ |

[持ち手] 1枚 メリヤス編み

24
20
10
30
（24段）
5 1 目
7
（5目）作り目

2 本体を作る
糸は「THE BABY ALPACA」1本どり

❶「ガスパチョ」で、①〜③の順に編み地
　4枚をはぎ合わせる。
❷ ❶と同様に「マスタード」で残り4枚を
　はぎ合わせる。
❸ ❶と❷を外表に合わせ、「マスタード」で
　底と両脇の3辺をかがるようにはぎ合
　わせる。

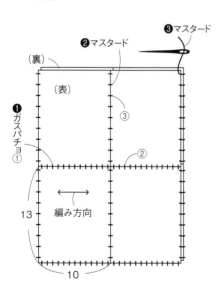

❸マスタード
❷マスタード
（裏）
（表）
③
②
❶ガスパチョ①
13
10
編み方向

3 持ち手をつける

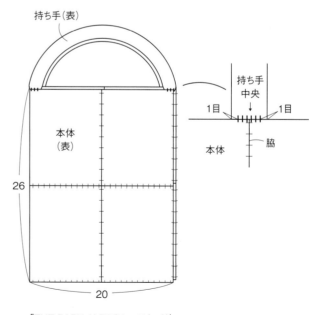

持ち手（表）
本体（表）
26
20
持ち手中央
1目　1目
本体
脇

「THE BABY ALPACA マスタード」
1本どりで、持ち手の3目分を本体に
はぎ合わせる。
※端がくるっと丸まる形を生かすため、
両端1目ずつははぎ残す

● 指に糸をかける一般的な作り目

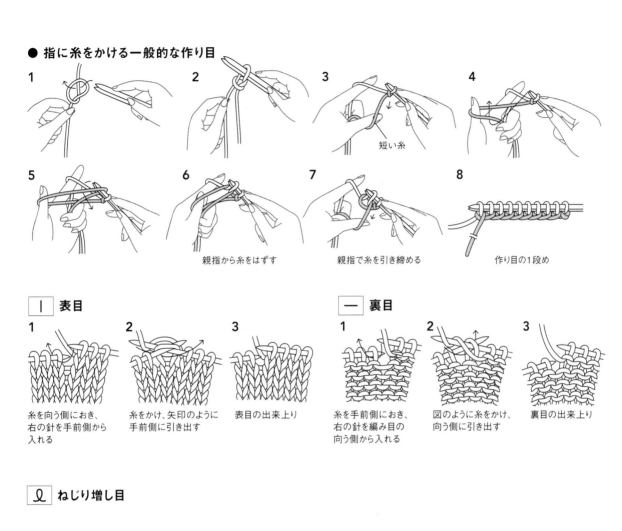

1 2 3 短い糸 4

5 6 親指から糸をはずす 7 親指で糸を引き締める 8 作り目の1段め

｜ 表目

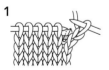

1 糸を向う側におき、右の針を手前側から入れる

2 糸をかけ、矢印のように手前側に引き出す

3 表目の出来上り

― 裏目

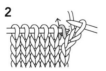

1 糸を手前側におき、右の針を編み目の向う側から入れる

2 図のように糸をかけ、向う側に引き出す

3 裏目の出来上り

ⵟ ねじり増し目

1 右側の目を編み、右の針で次の目との間の渡り糸を引き上げる

2 引き上げた糸を左の針に移し、矢印のように針を入れて編む

3 ねじり増し目の出来上り

入 右上2目一度

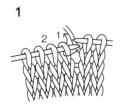 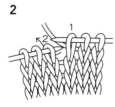 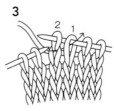 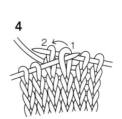

1 1の目に手前から右針を入れ、編まずに右針に移す

2 2の目を表編みする

3 1の目に左針を入れる

4 1の目を2の目にかぶせる

5

⟋ 左上2目一度

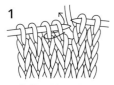

1

矢印のように2目の
左側から一度に針を
入れる

2

糸をかけて引き出し、
2目一緒に表目を編む

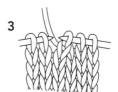

3

⟋ 右上3目一度

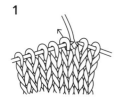

1

最初の目に手前から針を
入れ、編まずに右の針に
移す

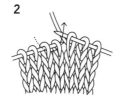

2

次の2目に矢印のように
針を入れ、2目一緒に編む

3

1で移しておいた目に
左の針を入れ、編んだ
2目にかぶせる

4

⟋ 左上3目一度

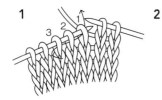

1

3、2、1の順に矢印のように
右針を一度に入れる

2

3目を一緒に表編みする

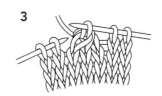

3

伏止め（表目）

1

端の2目を表目に編む

2

右の目を左の目に
かぶせる

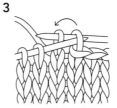

3

次の目を編み、右の目を
かぶせる

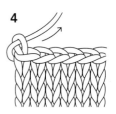

4

最後は糸端を通して
引き締める

伏止め（裏目）

1

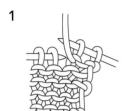

端の2目を裏目に編む

2

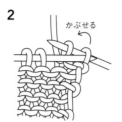

かぶせる

右の目を左の目に
かぶせる

3

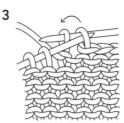

次の目を編み、右の目を
かぶせる

4

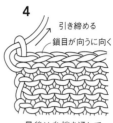

引き締める

鎖目が向うに向く

最後は糸端を通して
引き締める

かぎ針編みの基礎

● 糸のかけ方と針の持ち方

★糸のかけ方

★針の持ち方

★最初の作り目

⬭ 鎖編み

1

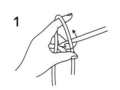

2

3

◎ 変り玉編み

1

始めに引き出した糸

玉編みをする目をかぎ針
にとって糸を引き出し、さ
らに糸をかけ、同じ目から
糸を引き出す

2

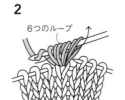

6つのループ

1を合計3回繰り返し、
糸をさらにかけかぎ針に
かかっている糸をすべて
引き抜く

3

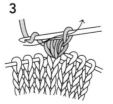

もう一度かぎ針に糸をか
けて引き抜き、目を引き
締める

4

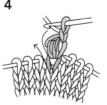

かぎ針を矢印の方向に
入れて前段のループの
左側をすくう

5

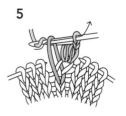

糸をかけ、かぎ針にかか
る2つのループを通して
糸を引き抜く。かぎ針の
糸は右棒針に移す

塩田 素直　Shiota Sunao

愛知県豊田市在住。京都大学総合人間学部卒業後、フェリシモにてファッション
企画を担当する。結婚を機に退職し、子どものころから母の影響で始めた編み物
で自己表現に取り組む。心を動かされたものをミトンをキャンバスに表現して、
「sunao knitting」として2014年に最初の個展を開く。2016年末から2020年始め
までベルギーに暮らし、ヨーロッパ20か国を旅してミトンの図案を描く。現在
は、夫、子どもたちと自然豊かな山間部での暮らしを楽しみながら、ミトンを中
心に製作活動を行なう。
https://sunaoknitting.com/

● 材料提供

ハマナカ
　tel. 075-463-5151（代表）
　http://hamanaka.jp/
ラ・ドログリー京都北山店
　tel. 075-724-9711
　www.ladroguerie.com
　www.ladroguerie.jp
we are knitters（ウィーアーニッターズ）
　https://www.weareknitters.jp/
＊糸情報は2021年8月現在のものです

● 写真提供（p.11）

ちぼりインターナショナル
　https://www.tivoli-hd.com/
フレデリック・ブロンディール
　http://www.frederic-blondeel.jp/

● 撮影協力

AWABEES
　tel. 03-5786-1600
L'épicerie Cuisine du Marché
　rue du page 66 Ixelles
　Brussels Belgium
　IG：@magalieboutemy
ROCOCO
　Wollestraat 9 Brugge Belgium
　IG：@rococobrugge

staff

ブックデザイン	三上祥子（Vaa）
撮影	清水奈緒
スタイリスト	前田かおり
ヘアメーク	上川タカエ
モデル	アナ・F、ミリセント・S
イラスト	宮崎友理子
風景写真	著者
プロセス撮影	福田典史（文化出版局）
作り方解説	小野奈央子
デジタルトレース	八文字則子
校閲	向井雅子
編集	加藤風花（文化出版局）

旅からうまれた わたしのミトン

2021年　9月26日　第1刷発行

著　者　　塩田素直
発行者　　濱田勝宏
発行所　　学校法人文化学園 文化出版局
　　　　　〒151-8524　東京都渋谷区代々木3-22-1
　　　　　電話　03-3299-2488（編集）
　　　　　　　　03-3299-2540（営業）
印刷・製本所　株式会社文化カラー印刷

文化出版局のホームページ　http://books.bunka.ac.jp/